Elaboración de la documentación técnica

Diego Cebrián Marín

Elaboración de la documentación técnica
© Diego Cebrián Marín

1ª Edición

© IC Editorial, 2025

Editado por: IC Editorial
c/ Cueva de Viera, 2, Local 3
Centro Negocios CADI
29200 Antequera (Málaga)
Teléfono: 952 70 60 04
Fax: 952 84 55 03
Correo electrónico: iceditorial@iceditorial.com
Internet: www.iceditorial.com

ISBN: 978-84-1184-606-6
Depósito Legal: MA 216-2025

Impresión: PODiPrint
Impreso en Andalucía – España

Nota de la editorial: IC Editorial pertenece a Innovación y Cualificación S. L.

Presentación del manual

El **Certificado de Profesionalidad** es el instrumento de acreditación, en el ámbito de la Administración laboral, de las cualificaciones profesionales del Catálogo Nacional de Cualificaciones Profesionales adquiridas a través de procesos formativos o del proceso de reconocimiento de la experiencia laboral y de vías no formales de formación.

El elemento mínimo acreditable es la **Unidad de Competencia.** La suma de las acreditaciones de las unidades de competencia conforma la acreditación de la competencia general.

Una **Unidad de Competencia** se define como una agrupación de tareas productivas específica que realiza el profesional. Las diferentes unidades de competencia de un certificado de profesionalidad conforman la **Competencia General,** definiendo el conjunto de conocimientos y capacidades que permiten el ejercicio de una actividad profesional determinada.

Cada **Unidad de Competencia** lleva asociado un **Módulo Formativo,** donde se describe la formación necesaria para adquirir esa **Unidad de Competencia,** pudiendo dividirse en **Unidades Formativas.**

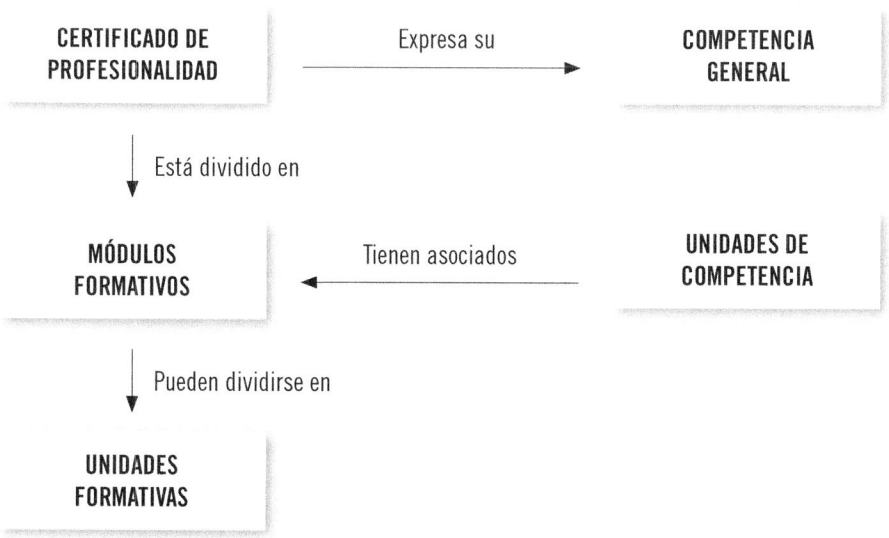

El presente manual desarrolla la Unidad Formativa **UF1871: Elaboración de la documentación técnica,**

perteneciente al Módulo Formativo **MF0228_3: Diseño de redes telemáticas,**

asociado a la unidad de competencia **UC0228_3: Diseñar la infraestructura de red telemática,**

del Certificado de Profesionalidad **Administración y diseño de redes departamentales.**

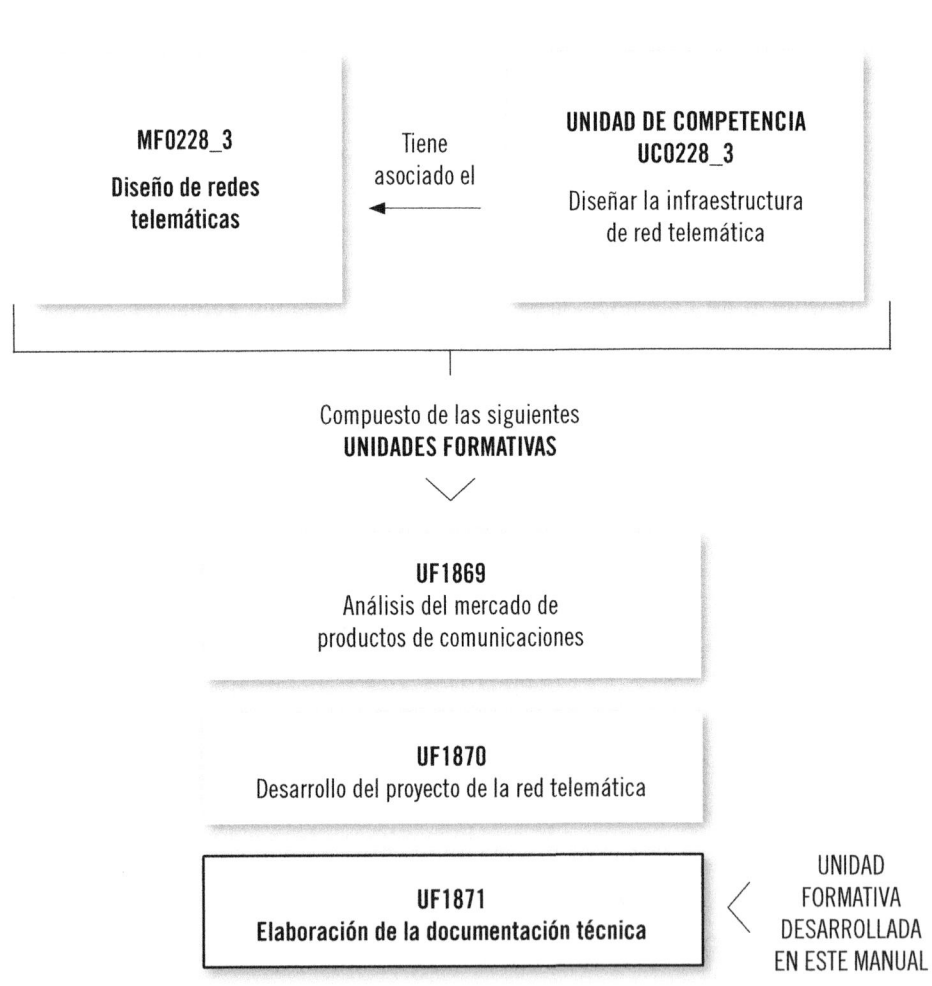

MF0228_3

Diseño de redes telemáticas

Tiene asociado el

UNIDAD DE COMPETENCIA UC0228_3

Diseñar la infraestructura de red telemática

Compuesto de las siguientes **UNIDADES FORMATIVAS**

UF1869
Análisis del mercado de productos de comunicaciones

UF1870
Desarrollo del proyecto de la red telemática

UF1871
Elaboración de la documentación técnica

UNIDAD FORMATIVA DESARROLLADA EN ESTE MANUAL

FICHA DE CERTIFICADO DE PROFESIONALIDAD

(IFCT0410) ADMINISTRACIÓN Y DISEÑO DE REDES DEPARTAMENTALES (R. D. 1531/2011, de 31 de octubre modificado por el R. D. 628/2013, de 2 de agosto)

COMPETENCIA GENERAL: Diseñar la arquitectura de comunicaciones de un entorno de complejidad media o baja, supervisar su implantación siguiendo el proyecto y administrar el sistema resultante, proporcionando la asistencia técnica necesaria.

Cualificación profesional de referencia		Unidades de competencia	Ocupaciones o puestos de trabajo relacionados:
IFC081_3 ADMINISTRACIÓN Y DISEÑO DE REDES DEPARTAMENTALES (R. D. 295/2004, de 20 de febrero)	UC0228_3	Diseñar la infraestructura de red telemática	• 2723.1014 Diseñador de red • 2721.1018 Administrador de sistemas de redes • Administrador de sistemas telemáticos • Administrador de redes y comunicaciones • Técnico de redes locales y telemática • Supervisor de instalación de redes • Técnico en diseño de redes telemáticas
	UC0229_3	Coordinar la implantación de la infraestructura de red telemática	
	UC0230_3	Administrar la infraestructura de red telemática	

Correspondencia con el Catálogo Modular de Formación Profesional

Módulos certificado	Unidades formativas	Horas
MF0228_3: Diseño de redes telemáticas	UF1869: Análisis del mercado de productos de comunicaciones	90
	UF1870: Desarrollo del proyecto de la red telemática	80
	UF1871: Elaboración de la documentación técnica	30
MF0229_3: Gestión de la implantación de redes telemáticas	UF1877: Planificación de proyectos de implantación de infraestructuras de redes telemáticas	50
	UF1878: Ejecución de proyectos de implantación de infraestructuras de redes telemáticas	70
	UF1879: Equipos de interconexión y servicios de red	70
MF0230_3: Administración de redes telemáticas	UF1880: Gestión de redes telemáticas	90
	UF1881: Resolución de incidencias en redes telemáticas	50
MP0396: Módulo de prácticas profesionales no laborales		80

Índice

Capítulo 1
Norma de gestión de calidad

Contenido

1. Introducción

En la actualidad, los sistemas de gestión de la calidad son una condición indispensable para la supervivencia y la competitividad de la empresa y su ámbito de actuación. Con los sistemas de calidad se busca la optimización de recursos, la satisfacción tanto propia como del cliente y la reducción de fallos y costes.

La implantación de un sistema de gestión de la calidad se puede hacer a través de la normalización, la certificación y la acreditación. La normalización es la actividad colectiva enfocada a establecer soluciones a situaciones repetitivas. Esta actividad consiste en la elaboración, la difusión y la aplicación de normas. La certificación es llevada a cabo por una entidad independiente entre las partes, donde se manifiesta la confianza que se otorga a un producto, servicio o proceso conforme a una norma. La acreditación es el procedimiento mediante el cual un organismo de acreditación reconoce formalmente que una empresa u organización es competente para realizar una cierta actividad.

2. Introducción a la calidad

Cuando se habla de **calidad,** se está haciendo referencia al conjunto de propiedades que posee tanto un producto como un servicio. Se puede definir la calidad como la capacidad de satisfacer los deseos de los consumidores; la calidad de un producto o servicio depende de cómo este responda a las necesidades de los usuarios, siendo este el punto de vista del usuario. Desde el punto de vista de la producción del producto o servicio, se puede definir como la conformidad en función de las especificaciones marcadas a la hora de realizar el diseño; cuantas más especificaciones cumpla el producto, mayor será su calidad.

La calidad de un producto o servicio depende en gran medida de cinco campos:

- **Los materiales:** ya que hay que usar los adecuados para conseguir el fin requerido.

- **Las máquinas:** de igual forma que ocurre con los materiales, deben ser aptas para el trabajo que van a desarrollar; utilizar los materiales y las máquinas más caros no es sinónimo de conseguir un producto de alta calidad.
- **Los métodos:** que deben estar definidos en un proyecto técnico inicial.
- **El personal:** el cual debe estar debidamente formado ya que es una parte importante para conseguir una calidad óptima.
- **La organización:** la cual debe dotar de la importancia necesaria a los elementos anteriores para conseguir un proceso adecuado, dando lugar al producto final.

3. Normativa y certificaciones

Para los posibles clientes de una empresa da mucha confianza que dicha empresa posea certificaciones de todo tipo, ya que el cliente tiene la seguridad de que sus demandas van a ser atendidas de manera seria y profesional. Hoy en día las organizaciones que ostentan algún certificado lo muestran en la entrada de la empresa, a través de publicidad tanto tradicional como digital, o en sus páginas web, etc.

Uno de los certificados más reconocidos son las **certificaciones ISO,** pero existen otras como por ejemplo EFQM, que es otro sistema de calidad certificado pero con el gran inconveniente de que no es tan conocido.

En España, el único miembro es AENOR (Asociación Española de Normalización), que, entre otros cometidos, se encarga de traducir las normas ISO al castellano.

ISO 9001 es la norma de calidad más sólida del mundo; además, es utilizada por más de 750.000 organizaciones de 161 países, estableciendo sistemas de gestión de calidad y para sistemas de gestión en general.

 **Definición**

ISO

ISO es un organismo nacido tras la II Guerra Mundial con el objetivo de crear unas normas a escala mundial sobre fabricación, comercio, etc., a excepción de los campos eléctrico y electrónico.

Normas ISO 9000

El conjunto de normas ISO que están relacionadas con la calidad son: ISO 9000. Sistemas de Gestión de la Calidad - Fundamentos y Vocabulario, ISO 9001. Sistemas de Gestión de la Calidad - Requisitos e ISO 9004. Sistemas de Gestión de la Calidad - Directrices para la Mejora del Desempeño. En su conjunto, las normas ISO constituyen un modelo que asegura la calidad en el diseño, el desarrollo, la producción, la instalación y la posventa del producto.

De la familia de las normas ISO 9000, la única que se puede certificar es la norma ISO 9001; y para obtener esta certificación hay que implantar la norma para que después el sistema sea auditado de acuerdo con el procedimiento establecido por la propia norma y, si el resultado de la auditoría es válido, la entidad certificadora proporciona el certificado correspondiente y registra la certificación de la empresa. Los certificados de calidad de la norma ISO 9001 tienen una validez de tres años, en los cuales deben revisarse a modo de seguimiento para saber si la norma se cumple. Por lo general, el primer año se comprueba la primera mitad de los puntos de la norma, el segundo año la otra mitad de los puntos de la norma y el tercer año queda para realizar una auditoría completa de certificación. La calidad requiere estar en continua revisión y mantenimiento. Si en la auditoría se encontrase algún punto incumplido, la empresa tiene un plazo para subsanar el error sin perder la certificación o seguir con el proceso de certificación.

 **Actividades**

1. ¿Qué normas ISO componen el conjunto de normas ISO 9000?

ISO 9001

La norma ISO 9001 está compuesta por una serie de manuales donde se especifica con la documentación **qué se hace** y **cómo se debe hacer.** El manual clave en el sistema es el *Manual de calidad,* donde se desarrolla la adaptación de la norma a la actividad de la organización o empresa concreta. Además, en este manual se deben incluir el alcance y las exclusiones, que indican qué es lo que está incluido en el sistema y qué no. También se debe incluir un documento de política de calidad con una declaración expresa del máximo responsable de la empresa de su compromiso con la calidad y la voluntad de su implantación en el sistema de la empresa. También se debe incluir un documento con los objetivos de calidad, el cual debe ser conocido por todos los integrantes de la empresa para su cumplimiento, así como con los procedimientos, donde se plasma cómo se han de hacer las diferentes acciones. Estos procedimientos no están especificados en la norma, sino que deben ser definidos por el autor de archivo de la calidad. También hay que disponer de un documento de registros, los cuales hacen referencia a actividades y resultados obtenidos. Estos documentos deben conservarse en un periodo no inferior a tres años, respetando así la Ley General para la Defensa de los Consumidores y Usuarios y otras leyes complementarias. Estos registros se suelen almacenar en soporte informático.

Pirámide de la estructura del sistema de gestión de la calidad

1.er Nivel — Manuales de Calidad — ¿Qué se hace? Descripción del sistema Política, Objetivos y respuesta a requisitos aplicables

2.º Nivel — Manuales de Procedimiento — Información específica sobre: Quién, Cómo, Cuándo, Dónde, Qué y Por qué efectuar las actividades

3.er Nivel — Planos instructivos Formatos Registros — Proporcionan detalles técnicos sobre cómo hacer el trabajo y registrar los resultados

Para implantar una norma

Los pasos que se suelen llevar a cabo para implantar la norma en una empresa son:

- Adopción inicial de la norma.
- Comunicación al personal de la adopción de la norma del sistema de calidad.
- Distribución de procedimientos.
- Distribución de formularios.
- Distribución del manual de calidad.
- Distribución del plan de implantación por cada departamento.
- Distribución del plan de auditorías por cada departamento.
- Actuación sobre los resultados de la auditoría y no conformidades iniciales.
- Revisión periódica del manual de calidad.
- Realización de auditorías internas periódicas.

Al superar la auditoría final para comprobar si se cumplen todos los requisitos de la norma, la empresa recibe de parte de la organización certificadora (que en el caso de España es AENOR) el Certificado AENOR de Registro de Empresa, la licencia de uso de la marca Empresa Registrada de AENOR, la certificación IQNet, la cual es un reconocimiento internacional de la certificación recibida (con esta certificación quedará reconocido internacionalmente que se ha obtenido la certificación ISO 9001) y, por último, la licencia de uso de la marca IQNet.

Logotipos de la certificación IQNet y del organismo de certificación española AENOR

 **Definición**

IQNet
Entidad certificadora de ámbito internacional que agrupa a más de 30 organismos certificadores de todo el mundo, como pueden ser AFNOR (Francia), AENOR (España), IRAm (Argentina), KFQ (Korea), etc.

 Actividades

2. ¿Qué pasos hay que seguir para implantar una norma de calidad en una empresa?
3. Buscar información en internet sobre el organismo encargado de otorgar la certificación ISO en España.

4. La norma ISO 9001/2000 o equivalente

La norma ISO 9001 es una norma internacional donde se especifican los requisitos que debe cumplir una empresa u organización para establecer un sistema de gestión de la calidad. Se centra en los elementos de calidad con los que una empresa debe contar para tener un sistema efectivo permitiéndole administrar y mejorar la calidad de sus productos y servicios.

Cuando un cliente busca una empresa para satisfacer su demanda, por lo general se decanta por empresas que acreditan que cumplen esta norma, ya que se asegura de que dispone de un buen sistema de gestión de calidad.

Los requisitos que establece esta norma son generales y se intenta que todas las organizaciones u empresas apliquen dichos requisitos sin importar el tipo, el tamaño, etc.

La norma ISO 9001 pertenece a la familia de normas ISO 9000, la cual se compone de cuatro normas: la 9001 establece los mínimos para que cualquier sistema sea considerado de calidad, la 9002 establece las directrices para la aplicación de la norma, la 9004 hace referencia a unos pasos a seguir para la continua mejora de los sistemas de calidad.

ISO 9001:2015 realiza una revisión de la norma en el año 2015, esta revisión se traduce en un nuevo esquema común para la organización y el contenido de la norma:

- Elimina la obligatoriedad de uso del manual de calidad y obliga a la dirección de la organización a participar en las auditorías.
- Las empresas deben identificar dentro del contexto en el que operan los riesgos y las oportunidades a las que se enfrentan.
- Aparece y se define el concepto de gestión de cambio.
- Los registros y documentos se agrupan bajo el epígrafe "información documentada".
- Se amplía el concepto de cliente.
- Se refuerza el enfoque por procesos
- Desaparece el concepto de acción preventiva.

La norma ISO 9001:2015 se organiza en diez capítulos que se agrupan en distintos bloques:

1. Objeto y campo de aplicación
2. Referencias normativas
3. Términos y definiciones
4. Contexto de la organización
5. Liderazgo
6. Planificación
7. Apoyo
8. Operación
9. Evaluación del desempeño
10. Mejora

Los tres primeros bloques son de carácter informativo.

El capítulo 4 (Contexto de la organización) se basa en el análisis del contexto de la empresa, recogiendo aspectos que tengan la capacidad de ofrecer una visión global de la misma. Entre estos aspectos destaca la definición de la organización y su contexto, las necesidades y expectativas de la implantación de un sistema de gestión de la calidad o la determinación del alcance del mismo.

El capítulo 5 (Liderazgo) establece la necesidad de que la dirección de la empresa u organización se implique en la implantación del sistema de gestión de calidad estableciendo diferentes actividades: compromiso con respecto a la implantación de un sistema de calidad, enfoque al cliente, establecimiento de la política de la calidad, comunicación de la política de la calidad, y establecimiento de roles y responsabilidades.

El capítulo 8 (Operación) está enfocado a la gestión de recursos, ya sean humanos o materiales.

El capítulo 7 (Apoyo) se considera el más importante, puesto que en el mismo se definen los requisitos para la planificación y el control operacional. Dentro de este capítulo se establece que:

- La empresa tiene que planificar, implementar y controlar los procesos necesarios para implantar el sistema de calidad en sus productos y servicios.

El capítulo 9 (Evaluación del desempeño) se refiere a las formas de medición, análisis y mejora de los procesos, incluyendo auditorías periódicas. Mientras que el capítulo 10 (Mejora) establece la manera en la que se debe determinar e implementar las acciones que cumplan las expectativas de los clientes y aumenten su grado de satisfacción, el proceso a seguir cuando se detecte una no conformidad y la mejora continua de la gestión de la calidad.

Cambios de la versión 2008 a la 2015

El 23/09/2015 se publicó la norma ISO 9001:2015, la cual anula a la norma del año 2008. Esta nueva versión presenta grandes cambios con respecto a las anteriores.

A continuación se verán algunas modificaciones de la norma con respecto a la del año 2008:

- Esta norma incluye un análisis de riesgos y oportunidades que eliminan las acciones preventivas, además de mejorar el enfoque de los procesos.
- Incorpora el apartado "Contexto de la organización" en el que las empresas deben determinar los problemas (internos y externos) que pueden imposibilitar la implantación de un Sistema de Gestión de la Calidad.
- Define el concepto "partes interesadas" como aquellas personas o empresas que pueden verse afectadas o a las que puede afectar una decisión o actividad de la empresa.
- Establece como requisito la planificación estrategia de las empresas que quieran certificar o implantar el Sistema de Gestión de la calidad.

Introduce el punto 9 "Evaluación del desempeño", en el que se recogen los aspectos para evaluar el Sistema de Gestión de la Calidad como el análisis de riesgos y oportunidades, la satisfacción del cliente, las auditorías internas y la evaluaciones del grado de implantación.

Un cambio importante con respecto a la normativa del año 2008 es la gestión de la documentación eliminando los procesos que se establecían para su gestión y control ofreciendo libertad a las empresas en la manera de gestionarla sin que sea obligatorio contar con un Manual de Calidad.

Una de las características más significativas de la Norma ISO 9001:2015 es el cambio en su estructura, pasando de tener 8 puntos en la versión 2008 a 10 en la versión actual. La nueva estructura de la norma se conoce como HLS (High Level Structure, Estructura de Alto Nivel). Además tiene en cuenta las características de la empresa, la gestión del riesgo y oportunidades, un lenguaje más sencillo y aplicable, un enfoque más orientado al cliente, etc.

A continuación se desarrolla un cuadro comparativo entre las versiones de los años 2008 y la versión del año 2015.

ISO 9001:2008	ISO 9001:20015
1. Objeto y campo de aplicación	
2. Referencias normativas	
3. Términos y definiciones	
4. Sistema de gestión	4. Contexto de la organización
	4.1 Comprensión de la organización y de su contexto
	4.2 Comprensión de las necesidades y expectativas de las partes interesadas
1. Alcance 1.2. Aplicación 4.2.2. Manual de calidad	4.3 Determinación del alcance del sistema de gestión de la calidad
4 Sistema de gestión de la calidad 4.1 Requisitos generales	4.4 Sistema de gestión de la calidad y sus procesos
5. Responsabilidad de la dirección	5. Liderazgo
5. Responsabilidad de la dirección 5.1. Compromiso de la dirección	5.1 Liderazgo y compromiso
	5.1.1 Generalidades
5.2. Enfoque a cliente	5.1.2 Enfoque al cliente

ISO 9001:2008	ISO 9001:20015
5.3. Política de calidad	5.2 Política
	5.2.1 Establecimiento de la política de la calidad
	5.2.2 Comunicación de la política de la calidad.
5.5.1. Responsabilidad y autoridad 5.5.2. Representante de la dirección	5.3 Roles, responsabilidades y autoridades en la organización
5.4.2. Planificación del Sistema de Gestión de Calidad	**6. Planificación**
8.5.3. Acción preventiva	6.1 Acciones para abordar riesgos y oportunidades
5.4.1. Objetivos de calidad	6.2 Objetivos de la calidad y planificación para lograrlos
5.4.2. Planificaición del Sistema de Gestión de Calidad	6.3. Planificación de los cambios
6. Gestión de los recursos	**7. Apoyo**
6. Gestión de los recursos	7.1 Recursos
	7.1.1 Generalidades
6.1. Provisión de recursos	7.1.2 Personas
6.3. Infraestructura	7.1.3 Infraestructura
6.4. Ambiente de trabajo	7.1.4 Ambiente para la operación de los procesos
7.6. Equipos de seguimiento y medición	7.1.5 Recursos de seguimiento y medición
	7.1.6 Conocimientos de la organización
6.2.1. General 6.2.2. Competencia, formación y toma de conciencia	7.2 Competencia
6.2.2. Competencia, formación y toma de conciencia.	7.3 Toma de conciencia
55.3. Comunicación interna.	7.4 Comunicación
4.2. Requisitos de la documentación	7.5 Información documentada
	7.5.1 Generalidades
4.2.3. Control de los documentos 4.2.4. Control de los registros	7.5.2 Creación y actualización
4.2.3. Control de los documentos 4.2.4 Control de los registros	7.5.3 Control de la información documentada

ISO 9001:2008	ISO 9001:20015
7. Realización del producto	**8. Operación**
7.1. Planifcación de la relación de productos	8.1 Planificación y control operacional
	8.2 Requisitos para los productos y servicios
7.2.3. Comunicación con el cliente	8.2.1 Comunicación con el cliente
7.2.1. Determinación de los requisitos relacionados con productos y servicios	8.2.2 Determinación de los requisitos para los productos y servicios
7.2.2. Revisión de los requisitos relacionados con el productos	8.2.3 Revisión de los requisitos para los productos y servicios
	8.2.4 Cambios en los requisitos para los productos y servicios
	8.3 Diseño y desarrollo de los productos y servicios
	8.3.1 Generalidades
7.3.1. Planificación del diseño y desarrollo	8.3.2 Planificación del diseño y desarrollo
7.3.2. Entradas para el diseño y desarrollo	8.3.3 Entradas para el diseño y desarrollo
7.3.4. Revisión del diseño y del desarrollo 7.3.5. Verificación del diseño y desarrollo 7.3.6. Validación del diseño y desarrollo	8.3.4 Controles del diseño y desarrollo.
7.3.3. Salidas del diseño y desarrollo.	8.3.5 Salidas del diseño y desarrollo.
7.3.7. Control de los cambios en el diseño y desarrollo	8.3.6 Cambios del diseño y desarrollo.
8.4.1. Generalidades 7.4.1. Proceso de compras	8.4 Control de los procesos, productos y servicios suministrados externamente
	8.4.1 Generalidades
7.4.1. Proceso de compras. 7.4.3. Verificación de los productos comprados.	8.4.2 Tipo y alcance del control
7.4.2. Información de las compras	8.4.3 Información para los proveedores externos
7.5. Producción y prestación del servicio. 7.5.1. Control de la producción y la prestación del servicio	8.5 Producción y provisión del servicio 8.5.1 Control de la producción y de la provisión del servicio
7.5.3. Identificación y trazabilidad	8.5.2 Identificación y trazabilidad
7.5.4. Propiedad de cliente	8.5.3 Propiedad perteneciente a los clientes o proveedores externos

ISO 9001:2008	ISO 9001:20015
7.5.5. Preservación del producto.	8.5.4 Preservación.
7.5.1. Control de la producción y la prestación del servicio.	8.5.5 Actividades posteriores a la entrega.
7.3.7. Control de los cambios en el diseño y desarrollo.	8.5.6 Control de los cambios.
8.2.4. Seguimiento y medición de los procesos. 7.4.3. Verificación de los productos comprados.	8.6 Liberación de los productos y servicios.
8.3. Control de producto no conforme.	8.7 Control de las salidas no conformes.
8. Medición, análisis y mejora	**9. Evaluación del desempeño**
8. Medición, análisis y mejora	9.1 Seguimiento, medición, análisis y evaluación
	9.1.1 Generalidades
8.2.1. Satisfacción del cliente	9.1.2 Satisfacción del cliente
8.4. Análisis de los datos	9.1.3 Análisis y evaluación
8.2.2. Auditoría interna	9.2 Auditoría interna
5.6. Revisión por la dirección	9.3 Revisión por la dirección
	9.3.1 Generalidades
	9.3.2 Entradas de la revisión por la dirección
	9.3.3 Salidas de la revisión por la dirección
8.5. Mejora	**10. Mejora**
8.5.1. Mejora continua	10.1 Generalidades
8.3. Control de producto no conforme. 8.5.2. Acciones correctivas	10.2 No conformidad y acción correctiva
8.5.1. Mejora continua	10.3 Mejora continua

5. El sistema de calidad de una empresa

Un sistema de calidad es un método planificado de medios y acciones con el fin de asignar la suficiente confianza a los productos o servicios de una empresa. Cualquier sistema de calidad, por malo que sea, siempre es mejor que no tener ninguno. El principal objetivo de las empresas es obtener beneficios, por esta razón el sistema de calidad a implantar será el que aporte mayor beneficio. Hay que tener en cuenta que la **imagen** de la empresa vende por tanto la calidad de imagen; por otro lado, la calidad es lo que un cliente está dispuesto a pagar por un producto.

Al implantar un sistema de calidad en una empresa, además de depender del tamaño de la empresa y de los recursos disponibles, se debe tener en cuenta la estrategia de expansión y ventas de la empresa.

La alta dirección de la empresa debe estar implicada en el proceso de la calidad, ya que no si no fuese así el sistema de calidad no funcionaría. Una empresa no debe implantar un sistema de calidad solo para la certificación, sino también para ofrecer la mayor garantía a un producto o servicio.

Los objetivos de implantar un sistema de calidad son:

- Mejorar la productividad del negocio.
- Enfrentarse a los objetivos del negocio y a las expectativas del cliente.
- Alcanzar y mantener la calidad de los productos y servicios ofrecidos.
- Mejorar la satisfacción del cliente y confiar en que la calidad está siendo alcanzada y mantenida.
- Mostrar a los clientes y futuros clientes que la empresa realiza productos de calidad, abriendo el mercado.
- Competir con otras empresas, incluso más grandes, teniendo la misma base de la calidad.

Un sistema de gestión de la calidad (SGC) es el conjunto de elementos de una empresa por los cuales se administra la calidad de forma planificada, buscando la satisfacción del cliente. Los elementos que entran en juego son:

- **Estructura de la empresa:** refiriéndose al organigrama de la empresa, jerarquizando los distintos niveles de directivos y de gestión.
- **Estructura de responsabilidades:** implicando a personas y departamentos. Se suele indicar con una tabla donde aparecen los departamentos asociados a las funciones de la calidad.
- **Procedimientos:** los cuales se refieren al plan para controlar las acciones de la empresa.

- **Procesos:** operaciones completadas para conseguir un objetivo marcado.
- **Recursos:** además de económicos hay que tener en cuenta los humanos, los técnicos y los de cualquier tipo que sirvan para el desarrollo de cualquier actividad.

Esquema de la mejora continua del sistema de gestión de la calidad

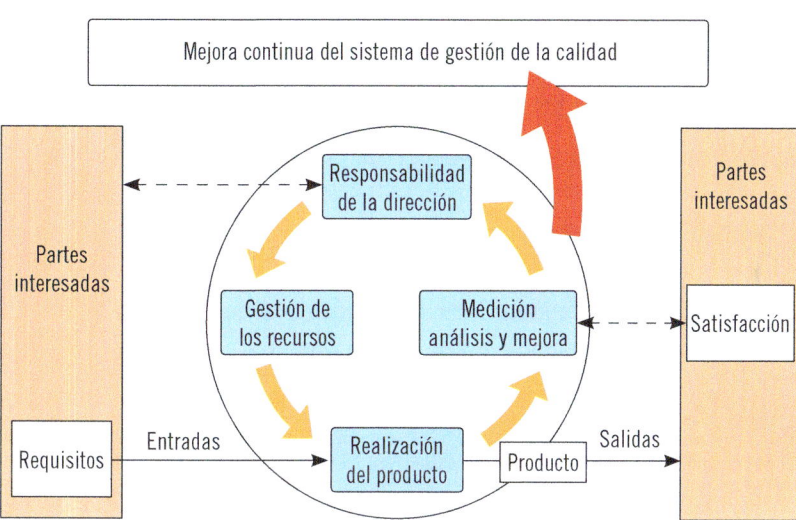

6. Procesos y procedimientos

Un sistema de calidad es un conjunto de estructuras, procedimientos, procesos y recursos que se establecen para llevar a cabo las actividades de calidad. Tanto **proceso** como **procedimiento** aparecen definidos en la norma ISO 9000. Sistemas de Gestión de la Calidad - Fundamentos y Vocabulario.

El término **proceso** se define como el "único consistente en un conjunto de actividades coordinadas y controladas con fechas de inicio y finalización, llevadas a cabo para lograr un objetivo conforme con los requisitos específicos, incluyendo las limitaciones de tiempo, costo y recursos". Dicho de otra manera, es el conjunto de actividades relacionadas entre sí que transforman elementos de entrada en resultados.

El término **procedimiento** aparece definido como la "forma especificada para llevar a cabo una actividad o un proceso", aclarando que los procedimientos pueden estar documentados o no y que cuando el procedimiento sí está documentado se utiliza con frecuencia el término **procedimiento escrito** o **procedimiento documentado.** El documento que contiene un procedimiento puede llamarse **documento de procedimiento.**

Procedimientos que son requeridos por la norma ISO 9001

Los procedimientos requeridos por la norma ISO 9001:2008 y que han pasado a ser voluntarios en la versión del año 2015:

- Control de documentos:

    - Definición e identificación de los documentos.
    - Diseño y elaboración de los documentos.
    - Contenido de los documentos.
    - Revisión y aprobación.
    - Distribución de documentos.
    - Lista maestra de documentos de calidad.
    - Archivo de documentos de calidad.
    - Modificaciones.
    - Distribución de documentos modificados.
    - Documentos externos.

- Control de los registros de la calidad:

    - Nombrar a un responsable de los registros de calidad.
    - El responsable define cómo se identifica, se codifica, el acceso, etc., de los registros de calidad.
    - Elaborar el listado de los registros de calidad.
    - Revisión y aprobación del documento por la dirección.
    - Distribuir el listado de registros a los diferentes responsables de los distintos departamentos.
    - Una vez cumplido el tiempo de conservación de los registros de calidad, el responsable realiza un barrido según el tiempo establecido.

- Auditoría interna.
- Control del producto no conforme:

    - Identificación.
    - Tratamiento:

        - Materias primas y suministros.
        - Productos en el proceso productivo.

    - Revisión del proceso y reparaciones en el proceso de producción:

        - Reparaciones por garantía o por pago del cliente.

    - Concesiones y permisos de desviación.
    - Detección de productos no conformes después de su entrega.

- Acción correctiva:

    - Diferentes acciones por las que llevar a cabo la acción correctiva:

        - De producto y proceso.
        - Del sistema.
        - Quejas del cliente.

- Acción preventiva:

    - Diferentes acciones por las que llevar a cabo la acción preventiva.

 Actividades

4. ¿De qué trata el capítulo número 4 de la norma ISO 9001?
5. En la norma ISO 9001:2015, ¿cuáles son los procedimientos voluntarios que eran requeridos en la versión del año 2008?

La estructura de la norma ISO 9001 se basa en el modelo de Deming; el círculo, modelo o ciclo de Deming es una de las principales herramientas para lograr la mejora continua en las empresas u organizaciones. Al ciclo de Deming también se le conoce como ciclo PHVA (planear, hacer, verificar y actuar). Este ciclo consiste en una secuencia lógica de cuatro pasos que se repiten secuencialmente:

- **Planear:** consiste en definir los objetivos y los medios para conseguirlos.
- **Hacer:** se refiere al acto de implementar lo preestablecido.
- **Verificar:** comprueba que se alcanzan los objetivos fijados con los recursos asignados.
- **Actuar:** analiza y corrige las posibles desviaciones detectadas, así como propone mejoras a los procesos empleados.

Ciclo de Deming o PHVA

– Toma de decisiones sobre los cambios. – Estandarizar los cambios. – Formar y entrenar. – Vigilar el proceso. – Repetir el ciclo.	**Actuar**	**Planear**	– Identificar a los clientes. – Determinar sus necesidades y expectativas. – Desarrollar las características de servicios. – Diseñar los procesos. – Trasladar el plan al nivel operativo.
– Evaluar los resultados obtenidos. – Comparar los resultados con los objetivos planeados.	**Verificar**	**Hacer**	– Aplicar lo planeado. – Hacer cambios. – Recopilar datos para determinar que ha sucedido tras los cambios.

PHVA

7. Planes de calidad

En la norma ISO 9000. Sistemas de gestión de la Calidad - Fundamentos y Vocabulario se define el término **plan de calidad** como el "documento que específica qué procedimientos y recursos asociados deben aplicarse, quién debe aplicarlos y cuándo deben aplicarse a un proyecto, producto, proceso o contrato específico". Además, aporta tres notas de la siguiente manera: "NOTA 1: estos procedimientos generalmente incluyen a los relativos a los procesos de gestión de la calidad y a los procesos de realización del producto", "NOTA 2: un plan de la calidad hace referencia con frecuencia a partes del manual de la calidad o a procedimientos documentados", "NOTA 3: un plan de la calidad es generalmente uno de los resultados de la planificación de la calidad".

 Recuerde

La calidad es el conjunto de propiedades que posee un producto o servicio para satisfacer las necesidades de los usuarios.

Cuando la organización o empresa tenga decidido llevar a cabo el desarrollo de un plan de calidad, debe identificar las entradas y el alcance del mismo. Para preparar un plan de calidad debe tener en cuenta:

- Asignar e identificar a la persona responsable del desarrollo del plan de la calidad.
- Documentación del plan de calidad.
- Definir las responsabilidades en el plan de calidad.
- El plan de calidad debe mantener una coherencia y compatibilidad del contenido y formato con el alcance que tendrá el plan y las necesidades de los usuarios.
- Presentación y estructura del plan.

Los planes de calidad pueden ser útiles o necesarios, por ejemplo, en los siguientes supuestos:

- Mostrar cómo el SGC de la organización se aplica a un caso específico.
- Cumplir con los requisitos legales, reglamentarios o los que estable el cliente.
- Desarrollo y validación de nuevos productos o servicios.
- Demostrar cómo se cumplirán los requisitos de la calidad.

- Organizar y gestionar actividades para cumplir los requisitos de calidad y los objetivos de la calidad.
- Minimizar el riesgo de no cumplir los requisitos de calidad.
- El plan de calidad se podría usar en caso de no tener un sistema de la gestión de calidad documentado.
- Utilizar el plan de calidad para dar seguimiento y evaluar el cumplimiento de los requisitos para la calidad.

8. Registros y evidencias

En la norma ISO 9000 se define **registro** como el "documento que presenta resultados obtenidos o proporciona evidencia de actividades desempeñadas"; aclarando mediante nota 1 que "los registros pueden utilizarse, por ejemplo, para documentar la trazabilidad y para proporcionar evidencia de verificaciones, acciones preventivas y acciones correctivas" y una nota 2 que "en general los registros no necesitan estar sujetos al control del estado de revisión".

Los registros deben demostrar que:

- Las actividades se desarrollan según lo establecido.
- Los resultados son adecuados.
- En el caso de que no lo sean, se actúa para analizar las causas y eliminarlas.

Hay que diferenciar entre **control de documentos** y **control de registros,** ya que un **documento** es una instrucción sobre cómo actuará el sistema de calidad y un **registro** establece una prueba de conformidad con los requisitos establecidos en el sistema.

Los registros son un tipo especial de documento donde toda la información que produce el SGC debe quedar almacenada en cualquier soporte, ya sea papel o electrónico. Los registros se establecen y se mantienen para dar evidencia de la conformidad con los requisitos que se establecen. Los registros deben ser fácilmente identificables y legibles, además de ser conveniente establecer un proceso documentado para la identificación, la protección, el almacenamiento y la disposición de los registros. Se debe establecer un periodo de tiempo para conservar los registros, dónde se ubicarán y cómo eliminarlos una vez pasado ese tiempo. El periodo de almacenamiento de los registros en algunos casos viene dado por condiciones legales, requisitos financieros o posibles demandas de responsabilidad civil o especificación del cliente. Es totalmente necesario determinar el tiempo de conservación de los registros, siendo recomendable los tres años, coincidiendo así con el plazo de concesión de los certificados ISO 9001. Por cuestiones legales pueden existir registros con un tiempo de conservación mayor o que el cliente sea el que especifique durante cuánto tiempo quiere que se guarden los registros, pero es la propia organización la que debe establecer este tiempo de conservación.

 Actividades

6. Los registros deben dar fe de…

9. Métricas

La empresa que desea proporcionar un grado de calidad a sus productos o servicios debe planificar y llevar a cabo procesos de medición, seguimiento de los productos, análisis y mejora. Implementando estos procesos se demuestra la conformidad del producto, la conformidad del SGC, el sistema de gestión de la calidad y una constante mejoría del mismo.

Se debe establecer un seguimiento y una medición en la medida de lo posible sobre la satisfacción del cliente, donde la empresa realiza un seguimiento de la percepción que el cliente tiene sobre cómo se desarrolla el proceso y si se cumplen los requisitos establecidos por parte de la empresa. Para medir la satisfacción del cliente se suelen usar informes, quejas de los clientes, análisis o la cantidad de veces que el cliente reclama algo. Es la propia empresa la encargada de establecer los métodos para obtener la información necesaria con respecto a la satisfacción del cliente y de decidir qué hacer al conocer el resultado.

Otro proceso que se sigue para determinar si la empresa cumple, lleva a cabo y mantiene eficazmente los puntos establecidos en la norma internacional ISO son las auditorías internas, que sirven de instrumento de medición, las cuales se deben de llevar a cabo en intervalos planificados.

 **Definición**

Auditoría interna
Es la auditoría llevada a cabo por parte de la propia organización y así conocer el estado del sistema de calidad.

Cuando los resultados de los procesos de medición no den el resultado esperado, se deben llevar a cabo acciones correctivas para asegurar la conformidad del producto.

La empresa u organización debe medir y realizar un seguimiento de las características del producto o servicio para comprobar que los requisitos se cumplen. Esto se realiza en las etapas del proceso de realización del producto:

- Objetivos de la calidad y requisitos del producto.
- Establecer procesos, documentos y proporcionar recursos específicos para el producto.
- Actividades de verificación, validación, seguimiento, inspección y pruebas.
- Registros que proporcionen las evidencias de que el proceso de realización y producto final cumplen los requisitos.

Las métricas son un buen medio para entender, controlar, predecir y probar el desarrollo del producto o servicio desarrollado. Las métricas se aplican para valorar la calidad de dichos productos.

- Un producto se mide para:
- Indicar la calidad del producto.

- Evaluar la productividad de los encargados de desarrollar el producto.
- Evaluar los beneficios en términos de productividad y de calidad.
- Comparación con otros productos del mismo tipo.
- Mejorar productos, ya que la métrica sirve para detectar defectos.

Para medir la calidad del *software* se puede realizar una clasificación de los tipos de métricas:

- **De complejidad:** definen la medición de la complejidad, volumen, tamaño, etc.
- **De calidad:** definen la calidad del *software* en cuanto a estructuración, pruebas, mantenimiento, etc.
- **De desempeño:** miden la conducta en los sistemas operativos.
- **Estilizadas:** estilo de código, limitaciones, etc.

Ejemplo

Una empresa de programación lleva a cabo el desarrollo de un *software* y se necesita saber la productividad de los programadores en comparación con otros proyectos. Hay que medir la productividad de los programadores.

Las métricas a utilizar son: las líneas de código fuente escritas, las horas diarias por programador y el coste por hora del programador.

Para obtener las líneas de código escritas por el programador basta con contarlas.

Para obtener las horas diarias trabajadas por programador hay que contar cada día las horas dedicadas por programador al proyecto.

Para obtener el coste por hora del programador se tendría que consultar el plan del proyecto para ver el coste previsto para la programación del proyecto.

Una vez conocidos todos los datos se deben comparar con otros proyectos de similar tamaño.

10. Auditorías

Las auditorías de calidad son procesos de gestión que se utilizan para comprobar y evaluar las acciones relacionadas con la calidad de una empresa u organización. Se podrían definir como un examen exhaustivo donde se determina si las actividades y los resultados referidos a la calidad cumplen con lo establecido. Estas auditorías de calidad tienen un gran protagonismo en los últimos años debido a que la certificación ISO que se adquiere es de gran importancia. Debido a esto, la Organización Internacional de Normalización ISO ha desarrollado metodología exclusiva para las auditorías de la calidad, la norma ISO 19011. Directrices para la auditoría de los sistemas de gestión de la calidad y/o ambiental; además de realizar las auditorías internas del sistema de gestión de la calidad que se establece en la norma ISO 9001. Sistemas de Gestión de la Calidad.

En la norma ISO 9000. Sistemas de Gestión de la Calidad - Fundamentos y Vocabulario, el término **auditoría** con respecto a la calidad se define como el "proceso sistemático, independiente y documentado para obtener evidencias de la auditoría (registros, declaraciones de hechos o cualquier otra información) y evaluadas de manera objetiva con el fin de determinar la extensión en que se cumplen los criterios de la auditoría (conjuntos de políticas, procedimientos o requisitos utilizados como referencia)"; además, esta norma implica que se realicen auditorías en intervalos de tiempo planificados y obliga a realizar auditorías internas.

10.1. Clasificación de las auditorías

Se podría realizar una clasificación de las auditorías diferenciando entre internas y externas:

- **Auditoría interna o de primera parte:** esta es la que se realiza por parte de la plantilla de la propia organización. Esta auditoría proporciona información para la dirección y para las acciones correctivas, preventivas o de mejora.
- **Auditoría externa o de segunda parte:** este tipo de auditoría es realizado por los clientes de la organización cuando existe un contrato entre

ambas partes. Su principal función es la de proporcionar confianza al cliente con respecto a la organización.

- **Auditoría externa o de tercera parte:** es realizada por organizaciones competentes de certificación que expiden las certificaciones del sistema de gestión de calidad. Estas auditorías proporcionan confianza a posibles clientes de la organización.

En las auditorías se detectan las **no conformidades,** discrepancias entre lo que exige la norma y lo que se define en el manual de calidad y anexos, y la forma de actuar en la realidad. La auditoría es el mejor medio para comprobar que la organización está realizando el trabajo según lo establecido, evaluando así la introducción de mejoras si fuese necesario, además de corregir y adecuar el sistema de calidad.

Las auditorías internas que necesita realizar cualquier empresa u organización sirven para:

- Verificar que el sistema de calidad está implantado y que cumple los requisitos constantemente.
- Establecer la eficacia y la eficiencia del sistema para conseguir los objetivos marcados.
- Confianza a clientes para que tengan la seguridad de que la empresa dispone de herramientas que aseguran el cumplimiento de la calidad en sus productos o servicios.
- Cumplir con los puntos establecidos en las normas internacionales.

Algunos puntos que una auditoría verifica son:

- Que los procedimientos estén definidos en el lugar adecuado.
- Que los procedimientos estén adecuados a la función a desarrollar.
- Personal capacitado en los procedimientos correspondientes.
- Que lo realizado esté en consonancia con lo documentado.

El informe de auditoría será consensuado con el responsable del área auditada junto con los colaboradores para llegar a un acuerdo en las medidas correctivas necesarias. La dirección del área auditada debe decidir las acciones sin demora alguna para eliminar las no conformidades que han sido detectadas. Una vez tomadas las acciones pertinentes se debe incluir una verificación de las acciones tomadas y un informe de los resultados de la verificación. Las auditorías internas conllevan unos registros de la calidad, donde se debe nombrar a un responsable para su archivo y conservación.

La realización de un proceso de auditoría puede ser activado por:

- **Administración:** la cual somete a un proceso de auditoría el sistema de gestión de la calidad de una organización como un paso más en la homologación del producto o servicio.
- **Exigencia de un cliente:** el cual solicita un proceso de auditoría antes de iniciar o durante el desarrollo del proceso.
- **Solicitud de una entidad certificadora:** la cual puede pedir la certificación de que el sistema de calidad implantado es acorde al modelo adoptado.
- **Propio sistema de calidad:** donde se realizarán auditorías internas realizadas por el personal de la organización.

11. Mejora y prevención de problemas

La organización debe tener en mente mejorar continuamente el sistema de gestión de la calidad mediante el uso de la política de la calidad, los objetivos de la calidad, los informes obtenidos a través de las auditorías, el análisis de datos y las acciones correctivas y preventivas.

El objetivo de la mejora continua del SGC es aumentar la satisfacción de los clientes y de las demás partes interesadas. La información recogida a través de clientes, auditorías y revisión del sistema de la calidad se deben utilizar para la mejora. Acciones como analizar y evaluar la situación actual del sistema para así identificar qué áreas son susceptibles de mejora, establecer objetivos de mejora, investigar posibles soluciones de mejora son acciones destinadas a la mejora del SGC.

Cada organización debe tener en cuenta una serie de acciones para eliminar posibles causas de las no conformidades detectadas o situaciones indeseables con el fin de prevenir que vuelvan a ocurrir, y de las no conformidades potenciales o situaciones potencialmente indeseables para prevenir que ocurran.

De esta manera, se pueden definir dos nuevos términos: **acción preventiva** y **acción correctiva.**

11.1. Acción preventiva

En la norma ISO 9000. Sistemas de gestión de la calidad - Fundamentos y Vocabulario se define **acción preventiva** como la "acción tomada para eliminar la causa de una no conformidad (incumplimiento de un requisito) potencial u otra situación potencial no deseable". Además, en el apartado 3.6.4 de la norma mencionada anteriormente, este término viene aclarado por dos notas. La nota 1 especifica que "puede haber más de una no conformidad potencial". Por otra parte, la nota 2 especifica que "la acción preventiva se toma para prevenir que algo suceda, mientras que la acción correctiva se toma para prevenir que vuelva a producirse".

Debe establecerse un procedimiento documentado que defina los requisitos para:

- Determinar las no conformidades potenciales y sus causas.
- Evaluar la necesidad de actuar para prevenir la ocurrencia de no conformidades.
- Determinar e implementar las acciones necesarias.
- Registrar los resultados de las acciones tomadas.
- Revisar las acciones preventivas tomadas.
- Resultados de auditorías.
- Mediciones de satisfacción.

Los pasos a seguir para realizar una acción preventiva de producto y proceso se pueden establecer en:

1. Determinar las no conformidades potenciales por parte de los responsables de su medición.
2. Definida la no conformidad se pasa al proceso de análisis de las causas, incluyendo un análisis individual por parte del responsable del producto o proceso.

3. Investigación de las causas a través de herramientas de análisis, pruebas, etc.

4. Definidas las causas, el responsable del producto pasa a realizar el análisis de causas junto al director del sistema de calidad.

5. Se define la acción preventiva en base a los resultados obtenidos en el análisis, el responsable del cumplimiento de la acción y el tiempo para la implantación.

6. En caso de incumplimiento de los plazos determinados, se comunica a la dirección para que se analice las causas del incumplimiento y se fijen nuevos plazos.

7. Los resultados de la verificación se registran.

8. Si no es eficaz la acción correctiva se vuelven a analizar las causas y se repite todo el proceso.

 ## Aplicación práctica

Es el encargado de llevar a cabo una acción preventiva para evitar posibles no conformidades de un producto o servicio que su empresa ofrece a los clientes. Indique qué pasos seguiría para realizar dicha acción preventiva.

SOLUCIÓN

En la tarea de realizar un proceso de acción preventiva se deben tener varios puntos a realizar en cuenta:

Primero, junto a los responsables de medición del producto o servicio, se determinarían cuáles son las no conformidades potenciales del producto.

Una vez definida la no conformidad/conformidades, se pasa a la fase de análisis de las causas a estos posibles errores junto al responsable del producto. Hay que estudiar e investigar las causas de la no conformidad a través de pruebas o herramientas de análisis.

Una vez obtenidos los resultados de las causas, se pasa a realizar un análisis con el director de sistema de calidad de la empresa y ver qué acción preventiva tomar en base a los resultados anteriores, estableciendo el tiempo para el cumplimiento de la acción preventiva y la persona que se encargara de que se cumpla.

Continúa en página siguiente >>

<< Viene de página anterior

Una vez pasado el periodo de tiempo de implantación, se verifican los resultados y se almacenan, y se revisa si el proceso ha sido óptimo. En caso negativo se volverían a analizar las causas y a repetir el proceso.

11.2. Acción correctiva

En la norma ISO 9000. Sistemas de Gestión de la Calidad - Fundamentos y Vocabulario se define **acción correctiva** como la "acción tomada para eliminar la causa de una no conformidad (incumplimiento de un requisito) detectada u otra situación no deseable". Además, en el apartado 3.6.5 de la norma mencionada anteriormente, este término viene aclarado por tres notas. La nota 1 especifica que "puede haber más de una causa para una no conformidad". La nota 2 especifica que "la acción correctiva se toma para prevenir que algo vuelva a producirse, mientras que la acción preventiva se toma para prevenir que suceda". Por último, la nota 2 aclara que "existe diferencia entre corrección (acción tomada para eliminar una no conformidad detectada) y acción correctiva".

Debe establecerse un procedimiento documentado que defina los requisitos para:

- Revisar las no conformidades (incluyendo quejas de clientes).
- Determinar las causas de las no conformidades, informes de no conformidad.
- Informes de auditoría interna.
- Resultados de la revisión por la dirección.
- Resultados de las mediciones de satisfacción.
- Evaluar la necesidad de adoptar acciones para asegurarse de que las no conformidades no vuelven a ocurrir.
- Determinar e implementar las acciones necesarias.
- Registrar los resultados de las acciones tomadas.
- Revisar las acciones correctivas tomadas.

La realización de una acción correctiva de producto y proceso se puede establecer en varios pasos:

- Las no conformidades de productos y procesos que se detectan de manera repetitiva o que por su grado de gravedad se registran para dar inicio a la acción correctiva.
- Una vez definida la no conformidad se da paso al análisis de las causas, incluyendo un análisis por parte del responsable del proceso o producto defectuoso.
- Investigación de las causas a través de herramientas estadísticas, pruebas, etc.
- Si existen estudios anteriores del problema se pueden usar como base a la investigación.
- El director del sistema de Calidad junto con el responsable del proceso o producto pasan a realizar el análisis de causas.
- Determinada la causa se pasa a definir la acción correctiva a seguir.
- Una vez implantada la acción correctiva, el director del sistema de calidad controla la eficacia de la acción tomada a través de la verificación de los resultados obtenidos después de un tiempo fijado.
- Los resultados de la verificación se registran.
- Si la acción tomada no ha sido eficaz se vuelven a analizar las causas y se repite el proceso.

Plantilla tipo donde definir las acciones correctivas y preventivas		
Definición de actividades c/p	**CORRECTIVAS** (reducir los efectos negativos del problema)	**PREVENTIVAS** (eliminar la causa del problema)
Qué hacer:		
Por qué hacerlo:		
Dónde hacerlo:		
Quién lo hará:		
Cuándo lo hará:		
Cuánto costará:		

 **Actividades**

7. ¿Cuál es la diferencia entre acción preventiva y acción correctiva?

12. Resumen

La calidad es una característica de todo producto o servicio que cualquier empresa facilita. Cuanto mayor grado de calidad implemente el producto, mayor será el grado de reconocimiento de la empresa. Hoy en día la competencia entre empresas es muy grande y cualquier detalle hace que la balanza se decante de un lado u otro; por esta razón, las empresas buscan reconocimiento a la calidad ofrecida por medio de certificaciones como son las certificaciones ISO, las cuales otorgan un reconocimiento mundial de calidad en su norma ISO 9001.

El cumplimiento de esta norma es una tarea ardua, ya que pasa por diversas fases y exámenes para conseguir la certificación, como son las auditorías.

Cuando un producto no cumple con los requisitos exigidos, se llevan a cabo una serie de acciones para evitar que no vuelva a suceder por medio de acciones preventivas, que evitan que suceda, o acciones correctivas, que corrigen una vez sucedida la no conformidad del producto.

Ejercicios de repaso y autoevaluación

1. ¿De qué campos depende en gran medida la calidad de un producto o servicio?

_____
_____
_____
_____
_____
_____
_____

2. ¿Cuál de los siguientes organismos expende las certificaciones ISO en España?

    a. AFNOR.
    b. AENOR.
    c. ELOT.
    d. APCER.

3. ¿De qué normas está compuesta la ISO 9000?

_____
_____
_____
_____

4. ¿Qué duración tiene la validez del certificado ISO 9001?

    a. 1 año.
    b. 2 años.
    c. Es permanente.
    d. 3 años.

5. De los manuales que conforman la norma ISO 9001, ¿cuál de ellos es el más importante?

_____

_____

6. ¿De qué capítulos está compuesta la norma ISO 9001/2015?

    a. Objeto y campo de aplicación, normas para consulta, términos y definiciones, contexto de la organización, Liderazgo, Planificación, Apoyo, Operación, Evaluación del desempeño y mejora.

    b. Normas para consulta, términos y definiciones, sistema de gestión de la calidad.

    c. Realización del producto y medición, análisis y mejora.

    d. Objeto y campo de aplicación, normas para consulta, términos y definiciones, contexto de la organización, Planificación, Operación, y mejora.

7. Defina el término "sistema de calidad".

_____

_____

8. ¿Cuáles eran los procedimientos requeridos hasta la norma ISO 9001:2008 y que han pasado a ser opcionales a partir de la norma ISO9001:2015?

_____

_____

9. ¿Cuál de las siguientes afirmaciones no está definida en una empresa para llevar a cabo un plan de calidad?

    a. Definir las responsabilidades en el plan de calidad.

    b. Asignar e identificar a la persona responsable del desarrollo del plan de la calidad.

    c. Presentación y estructura del plan.

    d. Plan de acciones correctivas.

10. Indique cuál de las siguientes afirmaciones sobre los registros es verdadera o falsa.

a. Un registro es el documento que presenta resultados obtenidos de actividades desempeñadas.

☐ Verdadero
☐ Falso

b. Los registros pueden utilizarse para documentar la trazabilidad.

☐ Verdadero
☐ Falso

c. Los registros necesitan estar sujetos al control del estado de revisión.

☐ Verdadero
☐ Falso

d. Los registros demuestran que las actividades no se desarrollan según lo establecido.

☐ Verdadero
☐ Falso

11. Complete el siguiente texto.

Se debe establecer un _____ en la medida de lo posible sobre la _____, donde la empresa realiza un seguimiento de la percepción que el cliente tiene sobre cómo _____ y si cumplen los _____ por parte de la empresa.

12. ¿Cuántos tipos de auditorías se pueden encontrar en lo referente a la calidad?

_____
_____
_____
_____

13. ¿Qué detectan las auditorías?

    a. Que la norma es la idónea.
    b. No conformidades.
    c. Que el sistema de calidad no es adecuado.
    d. Procesos óptimos.

14. Complete el siguiente texto.

La organización debe tener en mente _____ el _____ mediante el uso de la política de la calidad, los objetivos de la calidad, _____, el análisis de datos y las _____. El objetivo de la mejora continua del _____ es aumentar la satisfacción del _____ y las demás partes interesadas.

15. Defina acción preventiva y acción correctiva.

_____
_____
_____
_____

Capítulo 2

Implantación de una red telemática

Contenido

1. Introducción

El uso de las telecomunicaciones ha contribuido, sin duda, a facilitar la vida del hombre tanto en el ámbito doméstico como en el profesional.

En el hogar se instalan sistemas domóticos capaces de controlar y automatizar las viviendas, realizando servicios como gestionar la energía, la seguridad, las comunicaciones, etc. Algunos de los elementos que puede controlar la domótica son la climatización, las persianas, los toldos, etc.; es lo que se conoce como "hogar digital".

Tan importante o más ha sido la introducción de las infraestructuras de comunicaciones en los sectores profesionales. Las telecomunicaciones hacen el trabajo más fácil, ya que permiten la colaboración entre empleados desde casi cualquier sitio, instalaciones interconectadas y acceso a la información en tiempo real, incremento de las tecnologías inalámbricas, eficiencia energética y ambiental, etc.

Pero la implantación de una red telemática que proporcione estos servicios debe realizarse en base a una normativa que unifique criterios y garantice un servicio de calidad. Y es la necesidad de cumplir esa normativa la que exige que la infraestructura común de telecomunicaciones (ICT) que se instale en un edificio se adapte a un proyecto técnico firmado por un ingeniero de telecomunicaciones o por un ingeniero técnico de comunicación de la especialidad, y la que fija los documentos a aportar en cada trámite de los que hay que seguir para que los usuarios finales de las viviendas o locales comerciales del edificio puedan hacer uso de ella.

2. Normativa de telecomunicaciones

Para desarrollar las funciones de una ICT, un servicio de radio y televisión, un servicio de telefonía o un servicio de comunicaciones por cable, las infraestructuras tienen que respetar una serie de normas técnicas, las cuales garantizan la calidad de los servicios ofrecidos y de los que se puedan incorporar en un futuro. Actualmente, la orden vigente es ITC/1644/2011, por la que se desarrolla el Reglamento regulador de las ICT para el acceso a los servicios de telecomunicación en el interior de las edificaciones, el cual desarrolla lo aprobado por el Real Decreto 346/2011. Se establece el **qué** y el **cómo** para el acceso a las telecomunicaciones en los edificios.

2.1. El Real Decreto 401/2003

El Real Decreto 401/2003 quedó derogado por el Real Decreto 346/2011, por lo que a continuación se expondrán los aspectos más relevantes del mismo.

Este real decreto únicamente tiene como objetivo establecer el Reglamento regulador de las ITC en el interior de las edificaciones que permita alargar la vida útil de las infraestructuras de telecomunicaciones impulsando el mantenimiento de las mismas.

 Definición

Real decreto
Norma jurídica con rango de reglamento dictada por el poder ejecutivo. El real decreto, en orden, se sitúa después de las normas con rango de ley y antes de la orden ministerial. Su diferencia con la anterior es que no necesita del poder legislativo.

Uno de los elementos importantes de este real decreto se encuentra en su artículo 9 en el que regula el proyecto técnico que debe acompañar a cada una de las instalaciones que conforman la ITC, estableciendo que éste debe estar compuesto de los siguientes apartados como mínimo:

a. **Memoria:** en este apartado se deben recoger como mínimo: descripción de la edificación; descripción de los servicios incluidos en la infraestructura; previsiones de demanda; cálculos; listado de componentes de la infraestructura y los elementos que identifiquen a la instalación de forma exclusiva.

b. **Planos:** deben recoger los siguientes datos: esquemas de inicio de la instalación; tipo, número, características y situación de los elementos de la infraestructura, canalizaciones de telecomunicación de la edificación; situación y ordenación de los recintos de instalaciones de telecomunicaciones; así como otras instalaciones que pudieran interferir en el funcionamiento de la infraestructura.

c. **Pliego de condiciones:** se establecerán las calidades de los materiales, los equipos y sus condiciones de montaje.

d. **Presupuesto:** se deben especificar las unidades y precios de cada uno de los elementos que intervienen en la instalación y las partes en las que se descomponen los trabajaos que se deben llevar a cabo para llevarla a cabo.

Puesto que, uno de los objetivos de este real decreto, es alargar la vida útil de las instalaciones establece en su articulado que las instalaciones deberán ser verificadas regularmente por entidades y organismos ajenos a la propiedad, estableciendo su anexo IV un protocolo de pruebas que se deben llevar a cabo para evaluar la operatividad de la instalación de telecomunicaciones.

Este real decreto se caracteriza por sus cinco anexos en los que se regulan todos los aspectos que intervienen en la instalación, desde la distribución de señales de radiodifusión desde la estación emisora, hasta que son recibidas por los usuarios.

Estos anexos se organizan de la siguiente manera:

■ ANEXO I. Norma técnica de infraestructura común de telecomunicaciones para la captación, adaptación y distribución de señales. Dentro de este apartado se recogen las características de los elementos de captación de señales, equipamientos de cabecera, equipos de distribución, materiales que integran las redes de distribución y de dispersión, el punto de acceso del usuario y la conexión a la red de los usuarios.

■ ANEXO II. Norma técnica de la infraestructura común de telecomunicaciones para el acceso a los servicios de telecomunicaciones de telefonía disponible al público y de banda ancha. Dentro de este anexo se establecen las características mínimas que deben cumplir las instalaciones destinadas a proveer el acceso a los servicios de telefonía a los usuarios.

- ANEXO III. Especificaciones técnicas mínimas de las edificaciones en materia de telecomunicaciones. Este es el anexo más importante puesto que define los requisitos mínimos que deben cumplir las canalizaciones, los recintos y los elementos que intervengan en una infraestructura común de telecomunicaciones.
Se organiza recorriendo todos los elementos que intervienen, constructivamente, en el desarrollo de una ITC.
- ANEXO IV. Este anexo, en el que se tratan las inspecciones y los trabajos de mantenimiento que se deben llevar a cabo sobre la infraestructura de telecomunicaciones, tiene la característica de que no tiene descripción. Dentro del mismo se recogen diferentes modelos para la certificación y registro de las tareas de mantenimiento de la instalación.
- ANEXO V. Hogar Digital. Dentro de este anexo se recogen distintas reglas que se deben tener en cuenta para tratar de que los servicios que, a futuro, aparezcan puedan incorporarse sin necesidad de llevar a cabo reformas estructurales en la instalación.

 Importante

Como se puede comprobar este real decreto no se queda exclusivamente en la instalación para que funcione correctamente, sino que regula las condiciones que deben cumplir los materiales y las instalaciones para que el usuario tenga la posibilidad de incorporar otras vías de comunicación que puedan aparecer en un futuro, sin necesidad de llevar a cabo reformas en las instalaciones y sin que afecten al resto de los usuarios de su entorno o edificación.

2.2. Orden CTE/1296/2003

Como se ha comentado anteriormente, la Orden ITC/1644/2011, derogó la Orden CTE/1296/2003, por lo que a continuación se realiza una introducción a la misma mostrando los aspectos más relevantes de la Orden ITC.

La Orden ITC/1644/2011, de 10 de junio, por la que se desarrolla el Reglamento regulador de las infraestructuras comunes de telecomunicaciones para el acceso a los servicios de telecomunicación en el interior de las edificaciones, fue establecida por el Real Decreto 346/2011, de 11 de marzo, que en su artículo 8 indica que las administraciones públicas correspondientes podrán regular el procedimiento de consulta e intercambio de información entre los proyectistas de la infraestructura comunes de telecomunicaciones (ITC) y los operadores que presten servicio en la zona en la que se lleve a cabo la edificación, estableciendo que serán las propias Administraciones públicas las que realicen de intermediario entre ambas partes.

Otros aspectos importantes, a tener en cuenta son el desarrollado en el artículo 9 del Real Decreto 346/2011 que trabaja sobre la emisión de un proyecto técnico tipo que asegure que cualquier proyectista de una red de telecomunicaciones que lo utilice cumplirá todas las normativas exigidas en la instalación y que no presentará problemas al ser verificada por una entidad acreditadora y el artículo 10 que establece los aspectos y la información que debe contener el manual de usuario de la instalación.

En el artículo 1 se pueden encontrar los motivos por los que se desarrolla esta Orden:

a. Aprobación del contenido y la estructura que debe tener el proyecto técnico para llevar a cabo la ejecución de las infraestructuras de las edificaciones

b. Regulación del el procedimiento de consulta e intercambio de información, entre los proyectistas de las ICT y los operadores de telecomunicaciones.

c. Establecimiento del proceso de comprobación del cumplimiento del marco normativo por parte de los organismos verificadores de las ICT.

d. Establecimiento de los criterios básicos de verificación de los proyectos técnicos por parte de los organismos verificadores de las ICT

e. Establecimiento de las obligaciones y requisitos del director de obra en una ICT.

f. Establecimiento de los modelos de documentación (acta de replanteo, certificaciones de fin de obra y protocolos de pruebas).

g. Establecimiento del formato y contenido que debe contener el manual del usuario de la instalación.

En el proyecto técnico deben describirse detalladamente todos los elementos que componen la instalación, donde se encuentran y sus dimensiones, haciendo referencia también a la normativa aplicada.

El artículo 2 define la estructura y los elementos que debe contener un proyecto técnico, siendo lo más reseñable el resumen acerca de los aspectos sobre los que debe cumplir la legalidad vigente, entre los que se encuentran los siguientes:

a. Normativa sobre prevención de riesgos laborales.
b. Seguridad eléctrica, compatibilidad electromagnética y especificaciones de los equipos que conforman la instalación.
c. Normas de seguridad que deben cumplir los materiales constructivos que intervienen en la instalación. Cumplimiento del Código Técnico de la Edificación en materia de seguridad contra incendios y resistencia frente al fuego.
d. Si el proyecto hace referencia a una modificación de una instalación precauciones que se van a tener en cuenta durante la ejecución del proyecto técnico.
e. Precauciones que se van a llevar a cabo para garantizar el secreto de las comunicaciones.

Un elemento importante a tener en cuenta, incorporado en la presente Orden a través de su artículo 7 es la obligatoriedad de la entrega a la propiedad de la instalación de un manual de usuario, ajustado al establecido por dicha Orden en su Anexo VI en el que se deben plasmar las funcionalidades y recomendaciones en el uso y el mantenimiento de la instalación para garantizar su correcto uso, y que deben recibir todos los usuarios de la instalación.

 Sabía que...

La Ley 39/2015, de 1 de octubre, del Procedimiento Administrativo Común de las Administraciones Públicas, establece la obligación de la tramitación electrónica de la documentación para las personas o entidades que desarrollen una actividad profesional.

Actividades

1. ¿Cuáles son las principales diferencias entre el Real Decreto 401/2003 y el Real Decreto 346/2011?
2. Investigar a través de internet los diferentes niveles para clasificar el hogar digital.

3. El proyecto técnico de implantación de una red telemática

Para implantar una red telemática se debe definir el concepto de ICT que engloba la instalación de radio y televisión digital terrestre, instalación de telecomunicaciones para los servicios de telefonía disponible al público y de banda ancha e instalación de las infraestructuras que dan soporte al hogar digital.

Las instalaciones de infraestructuras comunes de telecomunicaciones son las que tienen como misión captar, adaptar y distribuir las señales de televisión, servicio telefónico y banda ancha a viviendas, oficinas, locales comerciales, etc., de un edificio.

El Real Decreto Ley 1/1998 establece que no se puede dar ninguna autorización para construir o rehabilitar integralmente edificios si al proyecto de edificación no le acompaña un proyecto técnico ICT firmado por un ingeniero de telecomunicaciones o un ingeniero técnico de telecomunicaciones.

Las edificaciones que se acojan a la Ley de Propiedad Horizontal que compartan zonas comunes donde se encuentren canalizaciones y por tanto dispongan de infraestructuras comunes para el acceso a servicios de telecomunicaciones desde las viviendas o locales deben presentar una ICT.

Las instalaciones ICT solo pueden ser llevadas a cabo por empresas que estén inscritas en el Registro de Empresas Instaladoras de Telecomunicación de la Secretaría de Estado de Telecomunicaciones y para la Sociedad de la Información del Ministerio de Industria, Turismo y Comercio. Además, estas empresas deben tener contratado un seguro de responsabilidad civil que cubra los posibles desperfectos que sucedan por la instalación.

La legislación actual obliga a que los servicios de telecomunicaciones lleguen a los usuarios a través de la infraestructura del edificio, definida en un proyecto técnico de infraestructuras comunes de telecomunicaciones, proyecto ICT, firmado por un ingeniero o ingeniero técnico de telecomunicaciones. El ingeniero firmará una certificación final donde asegura la correcta implementación del proyecto ICT.

Sabía que...

Los proyectos técnicos de infraestructura común de telecomunicaciones deben ser siempre un proyecto separado del arquitectónico; es decir, del que se refiera al resto de la construcción o reforma del edificio, aunque su autor deberá actuar coordinado con el autor del proyecto arquitectónico.

En el proyecto técnico ICT se deben detallar los elementos que componen la instalación así como su ubicación y dimensiones, señalando las normas que cumplen. Además, el proyecto incluirá una descripción detallada del uso que hace de los elementos no comunes de la edificación, incluyendo la descripción de dichos elementos, por qué deben ser usados y determinando las servidumbres.

Debe incluir también las otras tecnologías que forman la ICT, así como reflejar los cálculos necesarios para la recepción, la adaptación y la distribución de los servicios de radiodifusión sonora y televisión por satélite hasta las tomas de los usuarios, incluso cuando inicialmente no se ejecute la instalación de los equipos anteriores. Si es así, esta circunstancia debe quedar reflejada en el proyecto.

En lo referente a la verificación de los proyectos técnicos ICT, debe comprobarse al menos:

- La habilitación profesional del autor del proyecto técnico de ICT.
- La integridad de todos los documentos del proyecto verificado y que este se ajusta a lo establecido en el anexo I de la Orden ITC/1644/2011.
- Que el proyecto verificado cumple la normativa vigente.
- Que el proyecto verificado cumple los parámetros técnicos recogidos en el anexo II de la Orden ITC/1644/2011.

3.1. Estructura y contenido

El proyecto técnico que se elabora cuando se pretende implantar una red telemática en una edificación debe ajustarse a las normas establecidas para la realización de los proyectos técnicos. En este sentido, estará compuesto por memoria, planos, pliego de condiciones y presupuesto. Esta estructura coincide con la que se explica en el anexo I de la Orden ITC/1644/2011, en vigor. Cada uno de los apartados que aparecen en cada documento debe quedar perfectamente identificados, facilitando así su realización y evitando la no inclusión de alguno de estos puntos, indispensables tanto para la tramitación como para la ejecución de dicho proyecto.

Al comienzo de un proyecto técnico de ICT, y antes de los documentos propios del proyecto, el anexo I incluye, a modo de página inicial, un cuadro resumen en el que se indican la descripción de la vivienda, la situación del edificio, los datos del promotor, los del autor del proyecto técnico y los de la empresa verificadora.

La descripción del inmueble comienza completando la casilla **Proyecto técnico de infraestructuras comunes de telecomunicación para la edificación** con la información correspondiente a los rasgos generales de la misma. Se debe indicar también la correspondiente a número de plantas, viviendas y locales/oficinas.

Ejemplo

Descripción	Proyecto técnico de infraestructura común de telecomunicaciones para la edificación: Edificio multiusos formado por 20 locales destinados a actividades culturales y cinco oficinas distribuidos entre planta baja y primera planta. El proyecto de ICT se destina a proporcionar acceso a los servicios de telecomunicaciones al edificio, con objeto de minimizar las instalaciones de tecnologías aplicables en el mismo.
	N.º plantas: B+1 N.º viviendas: 0 N.º locales/oficinas: 25

Seguidamente se detalla la situación del inmueble indicando el tipo de vía, el nombre de la vía, la localidad, el código postal, la provincia y las coordenadas geográficas (grados, minutos y segundos).

A continuación se especifican los datos del promotor indicando el nombre o razón social, el NIF, la dirección, la población, el código postal, la provincia, etc.

Se recogen a continuación los datos concernientes al autor del proyecto técnico (normalmente un ingeniero, como se ha indicado anteriormente) mediante el nombre y los apellidos, la titulación, la dirección, la localidad, la provincia y el teléfono.

Además de lo anterior se debe reservar un espacio para indicar el ente verificador y la fecha de presentación del documento.

A continuación de la página inicial se desarrolla, como primer documento del proyecto, una memoria. Se debe incluir como mínimo, como dicta el Real Decreto 346/2011 en vigor, una descripción del edificio, una descripción de los servicios que se incluyen en la infraestructura, las previsiones de demanda, los cálculos de los niveles de señal en los puntos de instalación y los elementos que configuran la infraestructura, teniendo en cuenta que son el resultado del intercambio de información entre el proyectista de la ICT y los operadores de telecomunicación.

A la memoria le sigue el documento de los planos, donde se deben incluir, al menos, los esquemas de principio de la instalación: tipo, número, características y situación de los elementos de la infraestructura, canalizaciones de telecomunicaciones del edificio; situación y ordenación de los recintos de las instalaciones de telecomunicaciones; otras instalaciones previstas en la edificación que pudieran interferir en su funcionamiento con la infraestructura; y por último los detalles de ejecución de puntos singulares, cuando sea necesario.

El siguiente documento en el proyecto es el pliego de condiciones, el cual determina las calidades de los materiales y los equipos usados en la instalación de la ICT, así como las condiciones de montaje. Por último, se presenta el presupuesto, en el que se especificará el número de unidades y el precio de la unidad de cada una de las partes en que los trabajos se descompongan, quedando reflejados las características, el modelo, el tipo y la dimensión de cada elemento.

Descripción	Proyecto Técnico de Infraestructuras Comunes de Telecomunicación para la edificación:		
	N.º Plantas:	N.º Viviendas:	N.º Locales/oficinas:
Situación	Tipo vía:	Nombre vía:	
	Localidad:		
	Código Postal:	Provincia:	
	Coordenadas Geográficas (grados), minutos, segundos):	º N	º E / O
Promotor	Nombre o Razón social:		
	NIF:		
	Dirección:	Tipo vía:	
		Nombre vía:	
	Población:		
	Código Postal:	Provincia:	
	Teléfono:	Fax:	
Autor del Proyecto Técnico	Apellidos y Nombre:		
	Titulación:		
	Dirección:	Tipo vía:	
		Nombre vía:	
	Localidad:		
	Municipio:	Código postal:	
	Provincia:	Teléfono:	
	Fax:	Correo electrónico:	
Verificado por:			
Fecha de presentación:	En , a		

Documento tipo donde recoger los datos del proyecto técnico según aparece en el anexo I de la Orden ITC/1644/2011

En cuanto a la precisión en la ejecución de esta documentación, hay que tener presente que, dado el fin para el que se elabora el proyecto, su redacción y presentación debe ser meticulosa y exacta. Algunos conceptos que afectarían negativamente al proyecto podrían ser:

- Datos topográficos inexactos o con escala inadecuada.
- Cálculos poco aproximados.
- Planos escasos o poco detallados.
- Pliegos de condiciones demasiados generales.
- Errores de presupuesto.

3.2. Memoria

La memoria es el documento que describe las características de la instalación que se proyecta, tanto en lo que se refiere al edificio o conjunto de ellos para los que se redacta el proyecto técnico, como a los servicios que se incluyen en la ICT, datos de partida, objeto del proyecto, cálculos y sus resultados, que serán los que determinarán las características y la cantidad de materiales y equipos a emplear al igual que su ubicación en las redes que componen la ICT. Es, en resumen, un documento que recoge de forma concisa todos los pasos, trámites y cálculos realizados para completar el proyecto.

Hay que tener presente que la memoria debe exponer de manera clara y concisa las características del proyecto para cualquier persona, sean técnicos o no, así que debe poder ser leída en un tiempo asequiblemente razonable, ser presentada en un formato manejable, con redacción clara y letra agradable.

Para una buena redacción de la memoria hay que tener claro que sus características son:

- Claridad de exposición.
- Concisión y extensión reducida.
- Completa.
- Veracidad.
- Índice bien estructurado.

 **Importante**

La memoria debe incluir un índice. El índice es una relación numerada que debe contener las principales divisiones y subdivisiones de la memoria, ubicando a cada una de ellas dentro de la memoria.

En los proyectos de ICT, la memoria se estructura en dos partes bien diferenciadas: datos generales y elementos que constituyen la infraestructura común de telecomunicación.

Datos generales

Constituye la primera parte de la memoria, a la cual sirve de introducción. Los puntos a incluir en este apartado son los siguientes:

- **Datos del promotor:** donde se refleja el nombre de la empresa, el CIF, la dirección, el código postal, la ciudad, etc.
- **Descripción del edificio o complejo urbano:** con indicación del número de bloques, portales, escaleras, plantas, viviendas por planta, dependencias de cada vivienda, locales comerciales, oficinas, etc., donde el número de estancias del edificio normalmente se representa en una tabla, indicando el número de estancias por planta y si la distribución es a izquierda o derecha. La descripción de la edificación debe ser lo más exacta posible, dando datos de su ubicación y su entorno y teniendo en cuenta que los datos que se incluyan deben ser coherentes con lo indicado en el resto del proyecto, ya sea en otros puntos de la memoria o en otros documentos como pueden ser los planos
- **Aplicación de la Ley de Propiedad Horizontal:** donde se debe detallar la forma de constitución de la comunidad o comunidades de propietarios que comparten la ICT.
- **Objeto del proyecto técnico:** en él se deben especificar qué leyes son las que va cumplir el proyecto técnico; si se tuviera que tomar una solución técnica que no contempla el reglamento, se debe hacer constar en este

punto, al igual que se debe incluir una solución justificada garantizando que la funcionalidad de la instalación que se va a realizar no disminuirá sus prestaciones. También debe quedar reflejado en este punto que el proyecto técnico se redacta conforme a la información aportada por el promotor y el proyectista de la edificación con el fin de adquirir la licencia para el inicio de las obras de la edificación.

 Definición

Ley de Propiedad Horizontal
Ley que regula las comunidades de propietarios y los administradores de fincas. La Ley de Propiedad Horizontal es del año 1960 correspondiente a la Ley 49/1960, de 21 de julio. Esta ley ha tenido varias reformas; la última, la Ley 8/2013 de 26 de junio de 2013.

 Ejemplo

Desarrollar el apartado de los datos generales de la memoria para el edificio que se describe. El edificio tiene 4 plantas más planta baja. Cada planta consta de 4 viviendas en el ala izquierda y otras 4 a la derecha; además, en la planta baja dispone de dos locales comerciales de 80 m^2. En este proyecto se dotará a la infraestructura de sistemas de captación, adaptación y distribución de las señales de radiodifusión sonora y televisión terrestres, y por otra parte de acceso al servicio de telefonía disponible al público.

Continúa en página siguiente >>

<< Viene de página anterior

Datos del promotor

Nombre: nombre promotor
NIF: NIF de la empresa
Dirección: dirección empresa
CP: código postal de la empresa
Población: pueblo1
Teléfono: 666666666

Descripción del edificio

	Número de viviendas	
	Izquierda	Derecha
Planta 4	4	4
Planta 3	4	4
Planta 2	4	4
Planta 1	4	4
Planta Baja	1 local 80 m^2	1 local 80 m^2

Aplicación de la Ley Horizontal

A la edificación objeto de este proyecto le es aplicable la Ley 49/1960 de 21 de julio de Propiedad Horizontal, modificada por la Ley 8/1999 de 6 de abril.

Objeto del proyecto técnico

Dar cumplimiento al Real Decreto Ley 1/1998, de 27 de febrero, sobre infraestructuras comunes en los edificios para el acceso a los servicios de telecomunicaciones y establecer los condicionantes técnicos que debe cumplir la instalación de ICT, de acuerdo con el Real Decreto 346/2011, de 11 de marzo, relativo al Reglamento regulador de las infraestructuras comunes de telecomunicaciones para el acceso a los servicios de telecomunicación en el interior de los edificios y a la Orden ITC/1644/2011 del Ministerio de Ciencia y Tecnología de 10 de junio de 2011 que desarrolla el citado reglamento. Dicha ICT dotará al edificio de los siguientes servicios:

- Captación, adaptación y distribución de las señales de radiodifusión sonora y televisión terrestres.
- Acceso al servicio telefonía disponible al público (telefonía básica).

El presente proyecto ha sido redactado conforme a lo establecido en el artículo 9 del Real Decreto 346/2011 del Ministerio de Ciencia y Tecnología, de 11 de marzo, y su ejecución deberá ser acorde a lo establecido en el artículo 10 del citado Real Decreto.

Actividades

3. Definir el concepto de telemática.
4. Buscar información en internet sobre la Ley de Propiedad Horizontal.

Elementos que constituyen la infraestructura común de telecomunicación

Es la segunda parte de la memoria del proyecto técnico ICT. En él se hace una descripción de los servicios que proporciona la ICT; además, se incluye todo lo referente a los materiales a utilizar, niveles de señal, cálculos, ubicación de los equipos, etc. Estos contenidos se incluyen en forma de apartados indexados, siguiendo la estructura de niveles establecida en el anexo I de la Orden ITC/1644/2011. Todos los aspectos tratados deben quedar completamente explicados y justificados, por lo que es posible, y deseable, la inclusión de otros subapartados aunque se les dé un tratamiento diferente y no sean incluidos en el índice, ya que hay que tener en cuenta los parámetros que se comprobarán en las posteriores verificaciones. A continuación se explicarán los capítulos que se referencian en el índice.

Captación y distribución de radiodifusión sonora y televisión terrestre

Se incluyen todos los datos referentes a señales que se reciben en el edificio, equipos que se utilizan para la captación y la distribución de la señal terrestre y sus características, determinadas por los cálculos que garanticen que cada usuario reciba niveles de señal dentro de los límites establecidos en el Real Decreto 346/2011. Las frecuencias comprendidas para estas señales terrestres se encuentran entre 5-2150 MHz. Este punto da a conocer todo tipo de información con respecto a cálculos o sus resultados, acordes con las características técnicas de los materiales usados en la instalación igual que su situación. Además, este apartado se completa con un resumen general en el que se muestran las características, las cantidades y los tipos de materiales que son necesarios en la instalación. Los puntos a tener en cuenta para elaborar este apartado son los siguientes:

▪ Consideraciones sobre el diseño.

▪ Señales de radiodifusión sonora y televisión terrestre que reciben las antenas.

▪ Selección de la ubicación de las antenas receptoras.

▪ Cálculo de los soportes para instalar las antenas receptoras.

▪ Plan de frecuencias.

▪ Número de tomas.

▪ Cálculo de parámetros básicos para la instalación.

▪ Descripción de los elementos que componen la instalación.

Distribución de radiodifusión sonora y televisión por satélite

En este apartado se establecen los parámetros correspondientes a las antenas receptoras de señales: ubicación, características que influyen en los cálculos de las bases y las estructuras de soporte, cálculos de la instalación, etc. Se establecerán también los niveles de señal requeridos a la salida de la cabecera de forma que quede garantizada que la instalación es adecuada para la introducción de servicios por satélite, y que deben ser compatibles con los amplificadores del mercado.

Los puntos que deben incluirse en este apartado son:

▪ Elección del lugar y parámetros de las antenas receptoras de satélite.

▪ Cálculo de los soportes de instalación en antenas de recepción satélite.

▪ Previsión para la incorporación de señales satélites.

▪ Mezcla de señal terrestre con satélite.

▪ Cálculo de parámetros básicos de instalación.

▪ Cálculo de la atenuación desde los amplificadores de cabecera hasta las tomas de usuario en la banda 950 MHz-2150 MHz (suma de las atenuaciones en las redes de distribución, dispersión e interior de usuario).

▪ Respuesta amplitud frecuencia en la banda 950 MHz-2150 MHz (variación máxima desde la cabecera hasta la toma de usuario en el mejor y en el peor caso).

▪ Amplificadores necesarios.

▪ Niveles de señal en toma de usuario en el mejor y peor caso.

- Relación señal/ruido en la peor toma.
- Productos de intermodulación.
- Descripción de los elementos componentes de esta instalación, cuando proceda, si se va a realizar la instalación.
- Sistemas captadores.
- Amplificadores.
- Materiales complementarios.

Acceso y distribución de los servicios de telecomunicaciones de telefonía disponible al público (STDP) y de banda ancha (TBA)

En función de las características de la edificación descrita en el apartado de datos generales, se determinan las características de las redes de cables a instalar. En este capítulo se establecen dos apartados principales:

- Redes de distribución y de dispersión.
- Redes interiores de usuario.

Que a su vez se dividirán en otros siguiendo el índice establecido en el apartado 1.2.C del anexo I de la Orden ITC/1644/2011: se realizará la asignación de pares, cables coaxiales y fibras ópticas a cada vivienda como datos para que el instalador proceda a la confección de los paneles de conexión y regleteros correspondientes, asegurándose de que el dimensionamiento es conforme al reglamento. Como resumen de todo lo establecido para cada una de estas redes, al final del apartado en el que se traten se incluirán sendos cuadros-resumen de los materiales necesarios para la red (cables, paneles de conectores de salida, cajas de segregación, conectores, BAT, PAU, etc.).

Infraestructura de hogar digital

En este apartado, que no siempre forma parte del proyecto, se describirán los servicios, las infraestructuras, las redes y los dispositivos instalados que componen el hogar digital incluidos en el proyecto siempre que sigan los criterios establecidos para alcanzar alguno de los niveles de hogar digital (de acuerdo a la puntuación obtenida) recogidos en el anexo V del reglamento aprobado mediante el Real Decreto 346/2011, de 11 de marzo.

 Definición

Hogar digital
Es una vivienda donde, gracias a la integración tecnológica, domótica, de equipos y sistemas, sus habitantes aumenta su confort, seguridad, mantenimiento del hogar, ahorro energético y, entre otras cosas, nuevas formas de entretenimiento.

Canalización e infraestructura de distribución

En este capítulo se realizará un estudio de la canalización y la infraestructura de distribución para así poder ubicar las canalizaciones y los registros en los cuales se alojarán los cables y el resto de equipamiento que dan servicio de telecomunicaciones, y el cálculo de todos los elementos que constituyen dicha infraestructura: arquetas, recintos, canalizaciones, registros secundarios, de terminación de red, etc. Se deben indicar las características y las dimensiones de las canalizaciones empleadas en cada caso cuando exista un cierto grado de libertad, y también las características de la red de enlace. El último apartado de este capítulo incluirá los materiales necesarios para la canalización y la infraestructura de distribución de la edificación, indicando para cada componente su descripción, dimensiones y cantidad. Este capítulo incluye los siguientes apartados:

- Consideración sobre el esquema general del edificio.
- Arqueta de entrada y canalización externa.
- Registros de enlace inferior y superior.
- Recintos de instalaciones de telecomunicación.
- Recinto inferior.
- Recinto superior.
- Recinto único.
- Equipamiento de los mismos.
- Registros principales.
- Canalización principal y registro secundarios.
- Canalización secundaria y registros de paso.
- Registros de terminación de red.

- Canalización interior de usuario.
- Registros de toma.
- Cuadro resumen de materiales necesarios.
- Arquetas.
- Diámetros y medidas de los tubos.
- Tipos de registros.
- Material de equipamiento de los recintos.

Varios

Este capítulo se incluirá, en el caso de que se requieran, análisis, estudios y soluciones de protección con respeto a otras instalaciones previstas en el edificio, independientes de la ICT, que puedan interferir o ser interferidas.

Al incluir todos los cálculos, antecedentes, etc., de forma detallada, puede hacerse un documento muy extenso: hay conceptos de extensión relativamente corta que se incluyen directamente en la memoria, pero otros son de una extensión considerable. Puede realizarse una serie de documentos que almacena de forma exhaustiva cada uno de los pasos mencionados anteriormente de forma cronológica según su ejecución, **denominados anexos a la memoria.** Estos anexos se establecen o no, según el criterio del autor del proyecto, pero habitualmente se incluyen:

- Antecedentes.
- Estudio de alternativas.
- Justificación de la solución adoptada.
- Cálculos y puntos críticos.

Antecedentes

Normalmente, los grandes proyectos parten de estudios previos, anteproyectos, y segmentan el trabajo en informes de viabilidad económica, la influencia que tendrá la edificación en la ordenación territorial, etc. Si con anterioridad se ha realizado algún anteproyecto o estudio previo, este documento recopila toda la información técnico-administrativa que está relacionada con el origen del proyecto técnico.

Además de incluir información administrativa, también se debe incluir una historia técnica desde el estudio inicial del proyecto hasta que finaliza. En ella se describe cualquier consideración importante para el mismo: se plantearán cuáles son los motivos que hacen necesaria la elaboración de este proyecto, cuáles son las características del emplazamiento, y aquellos otros aspectos necesarios para la comprensión de las alternativas estudiadas y la solución final adoptada, para así establecer el ámbito legal y saber en cualquier momento qué tramites han sido realizados, las personas y los organismos responsables, así como la normativa que cumple el proyecto.

Si el proyecto es de gran envergadura y complejo, esta parte se puede ampliar bastante; pero si es más bien pequeño, se puede reducir a un documento de estudios funcionales junto con la justificación de la solución adoptada. Al desarrollar este documento deberá tenerse en cuenta:

■ Los antecedentes normalmente suelen comenzar con un comentario dedicado a la contratación del proyecto, donde se explica el proceso administrativo.

■ Agrupación y recopilación en orden cronológico de todos los archivos o documentos de tipo administrativo o técnico-administrativo que están relacionados con el proyecto.

■ Relación de trabajos técnicos, económicos, etc., no relacionados con el ámbito administrativo, ordenándolos por fechas e indicando su finalidad.

■ Recopilar las normas legales que el proyecto cumple, incluyendo leyes, reglamentos, normas, etc., realizando un breve comentario de la razón de su aplicación.

■ Redactar un apartado donde realizar un pequeño resumen y comentar los documentos más importantes.

■ En el caso de que los hubiera, realizar un resumen del anteproyecto general y los anteproyectos parciales.

■ Realizar un resumen con otros documentos técnicos como estudios sobre abastecimiento de energía, estudio de las diferentes tarifas que se podrían aplicar, etc.

Estudio de alternativas

Los grandes proyectos parten, normalmente, de planificaciones generales, estudios previos de soluciones alternativas, anteproyectos, etc. Habrá que proponer soluciones que sean compatibles con las exigencias planteadas, plantear diversas alternativas, indicar cuáles son las vías que llevan a ellas, las ventajas e inconvenientes de cada una, de manera global, incluyendo los detalles en los anejos de estudio de alternativas correspondiente. La manera de redactar este apartado donde deben refundirse los pasos comentados anteriormente es:

- Redactar una serie de trabajos técnicos, económicos y de tipo no administrativo, ordenándolos por fecha e indicando finalidad y ámbito de aplicación.
- Resumen de los estudios previos de soluciones que conducirán a la solución desarrollada posteriormente, haciendo hincapié en factores comparativos y diferenciadores entre alternativas y en el cuadro comparativo de soluciones. Hay que incluir datos funcionales, económicos y planos de las soluciones estudiadas.
- Efectuar resumen de otros documentos técnicos importantes, como pueden ser: abastecimiento de energía, estudio de distintas tarifas, influencia en el aspecto laboral, etc.

Tras el estudio de todas las alternativas estudiadas, se justificará la solución adoptada para llevarlo a cabo.

Justificación de la solución adoptada

En este apartado se deben plasmar las ideas y las razones por las que el encargado de realizar el proyecto técnico ha optado por la solución elegida.

Se debe realizar un análisis exhaustivo de la solución técnica que se ha elegido referida al proyecto. Normalmente se dispone de estudios previos, planificaciones, etc., los cuales ya restringen la elección de una solución u otra. Las justificaciones y los estudios deben llevar incluido un razonamiento técnico y económico. Para la redacción de este punto se debe evitar la inclusión de soluciones sin razonar.

Cálculos y puntos críticos

Como ya se ha comentado anteriormente, los diferentes capítulos que componen el anexo I de la Orden ITC/1644/2011 incluyen apartados de cálculo para los distintos elementos que integran esta infraestructura. En cada uno de estos apartados se incluyen las hipótesis o los datos de partida que definen qué se va a calcular en cada momento, los métodos de cálculo o las fórmulas utilizadas en cada caso, las unidades de medida, los resultados obtenidos (si algún dato proviene de tablas se deben incluir estas). También debe tenerse en cuenta la inclusión de datos y parámetros obtenidos en otros documentos. Eso sí, deben presentarse en un orden lógico para seguir el proyecto.

Todos los cálculos del proyecto deben estar realizados con el máximo detalle posible ya que los diferenciaría de los cálculos del anteproyecto en caso de haberlo. Un proyecto es más completo y más claro cuando todos los elementos estructurales están calculados con detalle. Para conseguir esto se suelen seguir los siguientes pasos:

- En cada elemento estructural habría que indicar el porqué de la elección de un determinado diseño.
- Para cada elemento funcional ha de establecerse un sistema de cálculo indicando fórmulas, programas informáticos y la idoneidad de los mismos para el tipo de cálculo de que se trate.
- Establecer las hipótesis de partida relacionadas con las acciones exteriores, ordenándolas por tipos y elementos estructurales y justificando la causa de la elección de los parámetros que definen las acciones. Se debe realizar un cuadro-resumen de hipótesis.
- Establecer las condiciones de los materiales razonadamente y añadir estas características de los materiales al correspondiente pliego.
- Realizar los cálculos de forma jerárquica y ordenada para que el cálculo de un elemento funcional cuyas acciones dependan de los resultados de los cálculos de otro elemento, siempre que sea calculado posteriormente y no al revés.
- La presentación de los cálculos es muy importante, tanto para su lectura y seguimiento como para su comprobación. La presentación debe ser clara, ordenada, legible y por supuesto exacta.

- Los cálculos que requieran tanteos para llegar a una solución final, o fases de cálculo, se deben especificar claramente y de forma fácil a la hora de localizarlos.
- La presentación de los cálculos debe ser clara, ordenada, legible y exacta. Para la realización de cálculos se usan programas informáticos de cálculo, donde el programa usado debe estar contrastado en el tipo de cálculos que se realizan.

Con ello se logra:

- Con respecto a los elementos estructurales usados, justificar el porqué de la elección de un determinado diseño.
- Justificación de los materiales elegidos.
- Elección de elementos con una seguridad razonable que produzca un equilibrio entre un funcionamiento seguro y duradero y un coste lo más reducido posible.
- Ejecutar la obra en el periodo previsto.
- Costes de explotación y conservación razonables conforme al estudio económico realizado.

3.3. Planos

Los planos son unos documentos fundamentales para el proyecto. En ellos se realiza la representación gráfica de la instalación para la que se diseñan. Son parte contractual del proyecto y tienen carácter vinculante, por eso es muy importante que no presenten errores.

Los planos deben ser suficientemente descriptivos ya que son la herramienta que va a permitir que la empresa instaladora de telecomunicaciones ubique en los lugares adecuados los elementos que aparecen en la memoria y ejecute con la mayor precisión posible el diseño realizado. Por tanto, los planos deben ser claros y precisos, para que cualquier persona implicada en el proyecto pueda entenderlos, por eso deben contener todas las indicaciones necesarias para su correcta interpretación. Entre los planos se debe guardar una cierta homogeneidad y estética, para que así no se encuentren grandes diferencias entre planos y la distribución de dibujos sea clara y agradable para el lector.

La forma de representar los planos ha ido evolucionando con el tiempo, desde el papel vegetal hasta realizar la representación a través de medios informáticos. Por tanto, estos planos pueden estar realizados de forma manual, aunque lo habitual ahora es emplear programas informáticos de diseño asistido por ordenador (CAD).

Recuerde

Los planos deben contener todas las indicaciones necesarias para su correcta interpretación.

En sí mismos, los planos consisten en un conjunto de símbolos mediante los cuales se señalan e interpretan las necesidades del usuario. En ellos deben figurar la cantidad, el tipo y la distribución de los elementos de la instalación, mostrando en último caso la forma en que esta quedará. Para realizar los planos del proyecto se deben tener en cuenta:

- Escalas que deben utilizarse.
- Sistemas de representación, líneas, cotas, etc.
- Formatos de los planos.
- Ordenación y uniformidad.

En todos los planos se debe incluir un cuadro de rotulación o cajetín en el que queden claramente identificados los datos del proyecto y del plano. Este se divide en dos zonas, una en la que se incluye la información identificativa, en la que aparecen:

- Título del proyecto.
- Localización.
- Promotor.
- Datos del autor del proyecto.
- Número del plano.

Y otra de información suplementaria situada a la izquierda o sobre la anterior, donde se incluirán datos de carácter indicativo, técnico y de utilización necesarios para evitar errores de interpretación, como:

- Fecha.
- Edición.
- Escala.

 Sabía que...

Los cajetines están normalizados según la norma UNE-EN ISO 7200.

 Actividades

5. ¿Cuáles son los elementos que constituyen la infraestructura común de telecomunicaciones?
6. ¿En qué apartado de la infraestructura común de telecomunicaciones se realiza un estudio para la ubicación de los elementos de la infraestructura?

Planos y esquemas a incluir en el proyecto técnico

La orden ITC/1644/2011, de 10 de junio, en su anexo I, al igual que el Real Decreto 346/2011 en su artículo 9, especifica el contenido mínimo de este documento.

Los planos que al menos se deben incluir en el proyecto son:

- Plano general de situación del edificio. Debe permitir identificar claramente la ubicación del edificio.
- Planos descriptivos de la infraestructura para la instalación de las redes de telecomunicación que constituyen la ICT. Deben incluirse los que muestren la ubicación de los recintos, las canalizaciones, los registros y las bases de acceso terminal:

  - Instalaciones de ICT en planta sótano o garaje (en su caso).
  - Instalaciones de ICT en planta baja.
  - Instalaciones de ICT en planta tipo.
  - Instalaciones de ICT en plantas singulares.
  - Instalaciones de ICT en ático (cuando proceda).
  - Instalaciones de ICT en planta cubierta o bajo cubierta.
  - Instalaciones de ICT en sección (cuando la estructura del edificio lo permita).
  - Instalaciones para servicios de hogar digital y otros servicios. Cuando sea posible, estas instalaciones se podrán incluir en los planos de las instalaciones comunitarias de la ICT, siempre que queden debidamente diferenciadas. Si ello no fuera posible o adecuado por su complejidad, se incluirán en planos separados. Las instalaciones en el interior de las viviendas o locales se mostrarán en planos separados.

Importante

En el plano instalaciones de ICT en planta cubierta o bajo cubierta quedará claramente reflejado cómo se accede a la cubierta. En el plano de cubierta quedará relejada la ubicación de los elementos de captación.

También deben incluirse los esquemas básicos de las infraestructuras de radiodifusión sonora y televisión y de los servicios de telecomunicaciones de telefonía disponible al público y de banda ancha:

- **Esquemas de principio:** deben identificar el tipo, el número, las características y la situación de los elementos de la infraestructura:

  - Esquema general de la infraestructura proyectada para el edificio con las diferentes canalizaciones y registros identificados para cada red de telecomunicación incluida en la ICT.
  - Esquemas de principio de la instalación de radiodifusión sonora y televisión, mostrando todo el material activo y pasivo (con su identificación con relación a lo indicado en la memoria y el pliego de condiciones) y las acotaciones en metros.
  - Esquemas de principio de cada una de las redes para el acceso a los servicios de telefonía disponible al público y de banda ancha, mostrando la asignación de cables por planta y por vivienda así como las características de los cables y demás elementos utilizados en los puntos de interconexión, distribución y acceso al usuario (con su identificación con relación a lo indicado en la memoria y el pliego de Condiciones) y las acotaciones en metros.
  - Esquemas de principio de la instalación proyectada para cualquier otra red incluida en la ICT.
  - Esquema de distribución de equipos en el interior del registro de terminación de red.

 Nota

En el esquema general de la infraestructura proyectada para el edificio con las diferentes canalizaciones y registros identificados para cada red de telecomunicación incluida en la ICT se debe incluir claramente el número de tubos de las canalizaciones y las dimensiones de registros y recintos.

Aplicación práctica

Debe entregar a la empresa instaladora de telecomunicaciones el siguiente plano. El número de viviendas de esta edificación es de 10 y el plano siguiente muestra la terraza del edificio. El plano tiene una escala de 1:100 y es el plano número 2. ¿Está completo? Si la respuesta es negativa, indique qué falta y complételo.

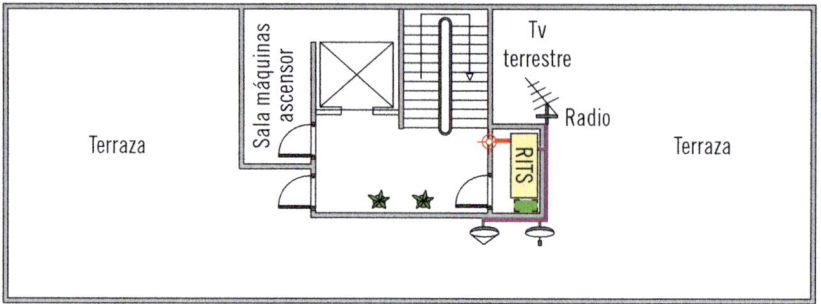

Instalaciones Telecomunicación

⊕	Canalización principal vertical entre plantas empotrada
🟩	Cuadro eléctrico para recinto de instalaciones de telecomunicaciones
—	Canalización principal
—	Canalización de enlace superior

SOLUCIÓN

El plano está incompleto porque carece del cajetín donde deben aparecer diferentes datos de la siguiente manera:

Continúa en página siguiente >>

<< Viene de página anterior

Proyecto de ejecución	Infraestructura común telecomunicaciones de 10 viviendas, terraza	N.º de plano 2
Situación	C/ Alta, n.º 1. Pueblo1	Escala 1:100
Promotor	Construcciones TeleConst	Fecha dd-mm-aaa
Plano de	Planta terraza, instalación de ICT	Revisión
Ingeniero técnico telecomunicación colegiado D. José Pérez X.XXX		

3.4. Pliego de condiciones

El pliego de condiciones es un documento en el que se hace una descripción de la instalación y se regula su ejecución. En el pliego de condiciones se especifican las características técnicas de los materiales y los equipos usados en la ejecución del proyecto, y las condiciones de montaje. También se definen la organización de la obra, las funciones de las personas que intervienen en ella, las responsabilidades, las relaciones con terceras personas, las actas de replanteo, el inicio de los trabajos y las circunstancias que sin ser puramente técnicas podrían influir en el plazo, precio o calidad de la obra. Es decir, en el pliego de condiciones se establece la manera en que se va a ejecutar el proyecto diseñado, teniendo en cuenta las condiciones de tipo técnico, económico, normativo, laboral, administrativo, etc., para así evitar interpretaciones diferentes a las deseadas. Deberán definirse:

- Aspectos legales y administrativos del proyecto técnico.
- Responsabilidades de las entidades que intervienen en el proyecto.
- Especificación de las características de los materiales y los equipos empleados.

- Definición de las técnicas para la ejecución y la consiguiente puesta en marcha.
- Pruebas de recepción de los elementos antes de ponerlos en obra, durante la ejecución del trabajo y una vez finalizado.
- Condiciones de medición de la obra y abono de las mismas.
- Penalizaciones o recompensas.
- Controles de calidad a realizar.
- Normas, leyes y reglamentos por las que se debería regir el proyecto.

Se trata también de un documento contractual, y por tanto vinculante, de modo que todo lo que en él se incluya debe tomarse como cláusula de contrato. La Orden ITC/1644/2011, de 10 de junio, en su anexo I, establece la división de este documento en dos capítulos: el pliego de condiciones particulares y el de condiciones generales. En el anexo II de la misma se describe la lista de parámetros a verificar en los proyectos de ICT, indicando el punto de la normativa, la descripción y la comprobación a realizar.

Condiciones particulares

Dentro de este apartado se explican detalladamente las características mínimas que deben cumplir todos los elementos usados en la instalación ICT. También se incluyen las normas que deben cumplir los materiales, la maquinaria y los equipos que intervienen en la obra y definir la manera en la que deben desempeñar su función en la obra.

En la mayoría de los casos existen normas legales que regulan el empleo de los materiales y sus condiciones de instalación. La aplicación de las normas reduce bastante la redacción de este capítulo, ya que basta con elegir un material de los que se ajustan a la norma e indicar que ese material la cumple. Si alguna de las características de estos materiales o equipos a usar no están definidos en la norma, o cuando las características técnicas exigidas a los materiales sean más estrictas que las indicadas, habrá que desarrollar este punto con más detalle, dejando reflejadas las condiciones particulares de los materiales en este pliego de condiciones particulares. Los puntos mínimos que deben aparecer en el pliego de condiciones particulares son, según el anexo I de la Orden ITC/1644/2011, de 10 de junio:

- Radiodifusión sonora y televisión.
- Distribución de los servicios de telecomunicaciones de telefonía disponible al público (STDP) y de banda ancha (TBA).
- Infraestructuras de hogar digital (cuando se incluyan en el proyecto).
- Infraestructura.
- Cuadros de medida.
- Utilización de elementos no comunes del edificio o conjunto de edificaciones (si existe).
- Estimación de los residuos generados por la instalación de la ICT.

Incluyendo cada uno de estos puntos en los apartados correspondientes a las características de los cables, elementos activos, elementos pasivos, etc., según estén presentes o no.

 Ejemplo

Características de las arquetas:

Las dimensiones y forma de la arqueta de entrada, única existente en la ICT, debe cumplir los siguientes aspectos:

La arqueta debe soportar las sobrecargas normalizadas en cada caso y el empuje del terreno. La tapa tendrá una carga de rotura mínima de 125 kN; se presumirán conformes las que cumplan lo especificado en la Norma UNE-EN 124 para la clase B 125. Deberán tener un grado de protección IP 55 de acuerdo con la norma EN-60529. La arqueta de entrada dispondrá de dos puntos para tendido de cables situados 15 cm por encima del fondo, en paredes opuestas a las entradas de conductos, que soporten una tracción de 5 kN. La tapa de la arqueta dispondrá además de cierre de seguridad.

Se presumirán conformes a las características anteriores las arquetas que cumplan con la norma UNE 133100-2. En la tapa deberán figurar las siglas ICT.

La arqueta de entrada se situará en la acera colindante al edificio o espacio por el que no debe discurrir tráfico rodado. Estará realizada de hormigón vibrado, enfoscada y bruñida interiormente, con fondo compuesto por dos capas de picón y arena para tratar de reducir las condensaciones.

Condiciones generales

Este apartado recoge las normas y las disposiciones legales que sean de aplicación a las ICT. Al ser documentos publicadas de manera oficial y pública, no es necesario incluir copia íntegra de los mismos; es suficiente con citarlos.

Según lo establecido en el anexo I de la Orden ITC/1644/2011 se debe hacer referencia a las siguientes normativas o reglamentos:

- Reglamento de ICT: normas y anexos.
- Normativa vigente sobre prevención de riesgos laborales.
- Normativa sobre protección contra campos electromagnéticos.
- Secreto de las comunicaciones.
- Normativa sobre gestión de residuos.
- Normativa en materia de protección contra incendios.

En algunos casos puede procederse describiendo la forma en la que se aplican. Así, en el apartado dedicado a la normativa de prevención de riesgos laborales, podrán describirse tanto las tareas como las actividades que se llevarán a cabo para ejecutar la instalación y el mantenimiento de todos y cada uno de los elementos que forman parte de la ICT, de forma que los responsables realicen una correcta evaluación de los riesgos con el fin de llegar a un mayor nivel de seguridad y prevención de los riesgos, descartando así soluciones que podrían ser validas desde el punto de vista técnico o económico pero que no sean las más idóneas desde el punto de vista de la seguridad, o incluso incluir esta información en forma de apéndice o anexo al proyecto.

Condiciones de ejecución

En las condiciones de ejecución de una obra hay que especificar los siguientes aspectos:

- Tipos de instalaciones que se van a utilizar, siempre y cuando puedan condicionar la calidad, el volumen de la obra y el plazo de ejecución de dicha obra.
- También se debe hacer mención a las máquinas a utilizar, cuando estas condicionen la calidad de la obra o el plazo fijado de la obra.

- Realizar estudios de rendimientos mínimos y máximos tanto de las instalaciones como de la maquinaria. Además, se deben tener en cuenta los parámetros mínimos y máximos que la obra debe cumplir durante la ejecución de la misma.
- El responsable determinado debe ir realizando inspecciones visuales durante la construcción.
- Establecer la frecuencia de pruebas de los distintos elementos en función de la magnitud de la obra.
- Adjudicar a grupos de personas o entidades para ejecutar las pruebas, además de establecer los responsables de solucionar las posibles controversias que se den a la hora de las pruebas.

Condiciones de certificación

En este apartado del pliego, se deben hacer constar con claridad los siguientes puntos:

- Establecer unos parámetros para la aceptación final de obra. Estos pueden ser o no iguales a los parámetros de ejecución de la obra.
- Se deben establecer unos sistemas de medición de la calidad de la obra, además de unas normas para realizar y comprobar los resultados de las pruebas efectuadas para conseguir la verificación final.
- También sería conveniente designar algún tipo de entidad encargada de mediar en el caso de que los resultados obtenidos fueran discrepantes entre las distintas entidades que toman parte en la ejecución de la obra.
- Según se acuerde, se expedirán unas actas de aceptación final de los elementos comprobados de la obra.

Condiciones económicas administrativas

En este sentido, el pliego de condiciones debe reflejar "lo que afecta al coste y a la forma de pago de los trabajos realizados", cuando tenga relación con las garantías para cumplir lo acordado, y las indemnizaciones establecidas en caso de incumplimiento de algún acuerdo. En resumidas cuentas, es la obligación que adquiere el propietario de saldar el importe de los trabajos efectuados. Este apartado puede dividirse en:

- **Garantías:** se especifican las fianzas acordadas, los trabajos que serán penalizados por demora y los trabajos realizados con cargo a la fianza.
- **Abonos de trabajo:** habrá que indicar que se realizará el abono al realizar un trabajo por medio de partidas certificadas, certificaciones mensuales de trabajos realizados, a la entrega del trabajo o a la puesta en marcha; también se puede establecer una cantidad fija mensual para el pago.
- **Seguros de obra:** se indicará el tipo de seguro contraído y las coberturas que este tiene.

En cuanto al aspecto administrativo, el pliego de condiciones también deberá recoger los aspectos generales que afectan al desarrollo de la obra y que no tengan un carácter técnico, como pueden ser:

- Se definen las funciones y las responsabilidades de cada uno de los cargos relevantes en la consecución de la obra, como puede ser el director de la obra, el constructor, etc.
- Cada una de las acciones llevadas a cabo deberá quedar reflejada en un libro el cual permanecerá en la obra, pero que debe estar disponible para la Administración en caso de necesitarlo. Las incidencias también deben de queda reflejadas en un registro firmado por el director de obra y la administración competente.
- Se establecen las instancias a las que habría que recurrir en caso de desavenencia.
- Se exige el cumplimiento con lo relacionado a la higiene y seguridad en el trabajo, por medio de las órdenes que regulan la ejecución de obras.
- El contratista es el encargado de los posibles daños a terceros, teniendo este que indemnizar a los afectados.
- Se deben desarrollar los motivos por los cuales la propiedad puede rescindir el contrato y en qué casos tendrá derecho a devoluciones y al cobro de las obras realizadas hasta el momento. Algunas de las principales causas de recisión del contrato son: retraso excesivo en la ejecución de la obra, abandono de la obra sin causa justificada, fallecimiento del contratista o causas administrativas.

Actividades

7. ¿Cuáles son las diferencias entre las condiciones generales y particulares del pliego de condiciones?
8. ¿Cuál es la normativa de aplicación sobre prevención de riesgos laborales?

Presupuesto

El presupuesto es el documento más importante junto con el pliego de condiciones ante posibles litigios.

El presupuesto es el cálculo por anticipado del proyecto técnico, donde se valora económicamente cada uno de los elementos que forman parte de la instalación ICT. Con la realización del presupuesto se pretende:

- Expresar el coste de la obra del proyecto, con indicación de precios y mediciones de forma que el montante corresponda a la mejor relación calidad-precio.
- Servir de documento base para operaciones económicas que se desarrollan durante la ejecución de las obras:

  - Control inicial.
  - Certificación final.
  - Posibles proyectos complementarios.
  - Control económico de la obra.
  - Posibles precios contradictorios.
  - Posibles rescisiones de contratos o abono de obra interrumpida.

Recuerde

El presupuesto es la valoración económica del proyecto.

En el presupuesto se reflejarán los materiales utilizados en cada fase de instalación: se reflejarán el número de unidades y el precio unitario de cada una de las partes en las que se descomponga el trabajo, incluyendo tanto el coste de material como la instalación o conexión. La elaboración del presupuesto debe adaptarse a las condiciones económicas del mercado actuales y ajustarse con exactitud a las estimaciones relacionadas con materiales, equipos, mano de obra, etc.

Sabía que...

Los presupuestos pueden clasificarse en:

1. Según la flexibilidad: rígidos, estáticos, fijos o asignados y flexibles o variables.
2. Según el periodo que cubran: a corto plazo y a largo plazo.
3. Según el campo de aplicabilidad en la empresa: de operación o económicos y financieros.
4. Según el sector en el cual se utilicen: público y privado.

Como se ha comentado anteriormente, los materiales usados para llevar a cabo la instalación del proyecto técnico serán en principio genéricos, excepto cuando se decida que sean de un fabricante concreto, utilizando en este caso precios de mercado.

Ejemplo

Partida 1.2 RED DE CABLE TRENZADO			
Partida 1.2.1 RED DE DISTRIBUCIÓN Y DE DISPERSIÓN. PUNTO DE INTERCONEXIÓN			
Descripción			
	Instalación de cables de pares trenzados de cobre desde el registro principal hasta el punto de acceso al usuario de cada vivienda y cada local a través de la canalización principal y secundaria. Totalmente instalado y conexionado.		
UD.	Concepto	P. Unitario	Subtotal €
400	Mts. de cable de 4 pares trenzados de cobreUTP	0,80	320,00
1	Panel de conexión para 24 conectores RJ45 hembra	90,00	90,00
20	Conectores hembra RJ 45	5,00	100,00
1	UD. Grapas de sujeción cable en RITI y RS	50,00	50,00
50	Hr. Oficial 1.ª instalador de telecomunicaciones	22,00	1.100,00
50	Hr. Oficial 2.ª instalador de telecomunicaciones	20,00	1.000,00
	Total RED DE DISTRIBUCIÓN Y DE DISPERSIÓN. PUNTO DE INTERCONEXIÓN		2.660,00

Si procede, se podrán redactar tantos presupuestos parciales como conjuntos de obra distintos haya, por la disposición o la situación del edificio. A modo de resumen se realizará un presupuesto general en el que aparezcan como partidas los importes de cada presupuesto parcial.

La suma de todos los presupuestos parciales por capítulos da como resultado el presupuesto de ejecución material de la ICT. Este suele presentarse haciendo una exposición numerada de los capítulos que componen la obra, junto con el importe correspondiente a cada una. Al final se refleja la suma, y se incluye la expresión:

"Asciende el presupuesto de ejecución material a la expresada cantidad de… (EN LETRAS MAYUSCULAS) euros", indicando lugar, fecha y firma.

 **Definición**

Precio unitario
El precio unitario de un producto es el coste de cada unidad. Por ejemplo: una caja de grapas de sujeción tiene un precio de 5 € y la caja tiene 50 elementos; el precio unitario de cada uno es 0,1 €.

Si un contratista realizara una obra por el precio resultante en el presupuesto de ejecución material de la obra, y no tuviera otros gastos aparte de los contemplados en dicho presupuesto, al finalizarla no obtendría beneficios, pero tampoco le supondría ninguna pérdida. Pero las empresas instaladoras tienen otros gastos distintos a los costes de ejecución material de las obras derivados de su actividad empresarial (oficinas, personal administrativo que no está asignado a ninguna obra concreta, gastos fiscales y financieros, etc.); además, la ejecución de una instalación determinada conlleva gastos adicionales correspondientes a tasas de la administración (licitación, liquidaciones, inspecciones, etc.). Estos dos conceptos se engloban bajo la denominación de **gastos generales.** Añadiendo los gastos generales al presupuesto de ejecución material, y si se cumplieran todas las hipótesis anteriores, el contratista compensaría los gastos pero no obtendría beneficios. Para obtener beneficios, debe añadirse otra partida denominada **beneficio industrial.** La realización de la instalación es una transacción comercial entre el instalador y el cliente, y como tal está sujeta a IVA.

Los gastos generales se calculan como un tanto por ciento del presupuesto de ejecución material comprendido entre un 13 y un 17, dependiendo de la complejidad de la instalación. El beneficio industrial también se calcula como un tanto por ciento del presupuesto de ejecución material, que tradicionalmente se fija en un 6. El IVA está establecido oficialmente como un tanto por ciento sobre la suma del presupuesto de ejecución material + gastos generales + beneficio industrial.

Sumando el importe del IVA a la suma anterior se obtiene el presupuesto de ejecución por contrata. Al pie del presupuesto de ejecución por contrata se incluirá una expresión similar a la incluida al pie del presupuesto de ejecución material:

"Asciende el presupuesto de ejecución por contrata a la expresada cantidad de... (EN LETRAS MAYUSCULAS) euros", indicando lugar, fecha y firma.

 Aplicación práctica

El siguiente cuadro-resumen muestra el presupuesto de ejecución material de una ICT. ¿Cuál sería el presupuesto de ejecución por contrata?

RESUMEN DE PRESUPUESTO	
Infraestructura y redes de alimentación, distribución y dispersión (€)	19.000,00
Infraestructura y redes interiores de usuario (€)	15.500,00
TOTAL PRESUPUESTO EJECUCIÓN MATERIAL (€)	34.500,00

SOLUCIÓN

Al total del presupuesto de ejecución material habría que sumarle los gastos generales y el beneficio industrial. Se aplicarán los siguientes tantos por ciento: 13 % de gastos generales y 6 % de beneficio industrial. El valor del IVA será del 21 %.

13 % de gastos generales 4.485,00
6 % de beneficio industrial 2.070,00

SUMA de EM, GG y BI 41.055,00
21 % IVA 8.621,55

TOTAL PRESUPUESTO POR CONTRATA 49.676,55

Asciende el presupuesto de ejecución por contrata a la expresada cantidad de CUARENTA Y NUEVE MIL SEISCIENTOS SETENTA Y SEIS EUROS CON CINCUENTA Y CINCO CÉNTIMOS.

(Lugar, fecha y firma)

 **Actividades**

9. ¿Quién es el encargado de firmar el proyecto técnico de la ICT?
10. A la hora de elaborar un presupuesto, ¿se puede entregar un presupuesto indicando el montante final de la instalación como una única cantidad y sin justificar cómo se ha obtenido?

4. Ejecución y dirección de obra

En este punto debe seguirse lo establecido en el artículo 10 del Real Decreto 346/2011. Este artículo indica que en el momento del inicio de las obras el promotor encargará al director de obra de la ICT o al profesional que dispone de la titulación requerida la redacción de un acta de replanteo del proyecto técnico de ICT. Esta acta será firmada por el profesional que la redacte y el titular de la propiedad o su representación legal. En ella se declarará expresamente:

- La validez del proyecto original si las condiciones del proyecto no han variado.
- Si estas condiciones hubieran variado y fuera necesario modificar el proyecto, en este acta habría que indicar cómo se va a proceder para realizar la actualización del mismo: si los cambios son sustanciales habría que indicar que se va a proceder a la actualización del proyecto; y si los cambios son menores, que se van a incluir en un anexo al proyecto original.

Las modificaciones sustanciales que hacen necesario realizar un proyecto técnico modificado de la ICT son:

- Cambios en la edificación o en la construcción que requieran la elaboración de un proyecto arquitectónico de ejecución modificado/reformado.
- Se quieran incluir nuevos servicios de telecomunicaciones que no se reflejen en el proyecto técnico de la ICT.

- Cuando con respecto a la instalación proyectada se produzca un aumento o una disminución del número de puntos de acceso a usuarios de más del 12 %.
- En las infraestructuras que están destinadas a servicios de radiodifusión sonora y televisión procedentes tanto de emisiones terrenales como de satélite, cuando la incorporación de nuevos canales radioeléctricos de televisión a la infraestructura supone una ocupación superior al 3% del ancho de banda de cualquiera de los cables de la red de distribución.
- Si se modifica el número de recintos de instalaciones de telecomunicación en la ICT proyectada.

Este proyecto de modificación de la ICT será redactado y firmado por el director de obra o un proyectista de ICT a instancia del promotor. Los cambios en el proyecto que se incorporarán como anexos al mismo son:

- Los correspondientes solo a cambios en la distribución interior de viviendas y locales comerciales.
- Cuando se introduzcan cambios de orden técnico diferentes a los de los puntos anteriores.

El autor del acta de replanteo será quien realice el anexo, el cual deberá adjuntarse a la misma. En el acta de replanteo también se indicará que se ha procedido a la consulta y el intercambio de información entre el proyectista de la ICT y las diferentes operadoras de telecomunicación, dejando reflejado el resultado de la consulta en dicha acta según indica el artículo 8 del Real Decreto. 346/2011. Tras su redacción y firma, el plazo para su presentación en el registro electrónico del Ministerio de Industria, Turismo y Comercio es de 15 días naturales.

En el anexo III de la Orden ITC/1644/2011 puede encontrarse un modelo de acta de replanteo de proyecto técnico de ITC.

 **Importante**

En función de la respuesta de los operadores, podrían tener que realizarse modificaciones en el proyecto técnico que habría que incluir en el correspondiente anexo.

El proyecto técnico modificado, convenientemente visado por el colegio profesional correspondiente, debe ser presentado por la propiedad de la edificación o su representante en el registro electrónico del Ministerio de Industria, Turismo y Comercio, así como en el ayuntamiento que corresponda para obtener los permisos o licencias oportunos para comenzar los trabajos. Posteriormente, se hará entrega de una copia del proyecto técnico y del acta de replanteo, con sus actualizaciones, a la empresa instaladora de telecomunicación, que deberá ejecutar esta infraestructura de acuerdo a las especificaciones recibidas.

4.1. Ejecución

La ejecución de los trabajos de implantación de una red telemática exige planificación. Con una adecuada planificación puede conseguirse el ajuste del desarrollo del proyecto de manera que se cumplan los plazos establecidos y sin que el coste real difiera de lo presupuestado. El director de obra debe comprobar que los trabajos se están desarrollando conforme a lo proyectado, para lo cual realizará una serie de visitas. El número de estas, siempre y cuando la empresa instaladora de telecomunicaciones cumpla con los plazos y ordenes establecidas, podría fijarse en cinco. En otro caso, habría que ampliar el número de visitas en la fase de alcance de las instalaciones, informando a la propiedad de la edificación del porqué de esta variación. En la ejecución de una ICT podrían establecerse cuatro fases.

En la primera fase, la de comienzo de obras, se debe realizar un acta de replanteo del proyecto técnico ICT estableciendo que todo el proyecto es correcto y viable.

En esta fase hay que tener en cuenta la fecha en la que se realizó el proyecto, ya que si transcurre mucho tiempo entre la realización del proyecto y la fecha de ejecución del mismo el número de canales de TV, radio, etc., con licencia para emitir, podría haber variado, con todo lo que conlleva en lo referente a frecuencias, etc., debiendo realizar un anexo con la ampliación de canales.

Hay que comprobar el espacio disponible para los recintos principales, ya que los arquitectos de los edificios no suelen prever todos los que se necesitan en una obra de instalación de ICT, así que se debe buscar la mejor ubicación para estos recintos principales cumplan la normativa vigente.

Se debe controlar que por los bajantes puedan pasar todos los tubos necesarios en la instalación y que el bajante de telecomunicaciones esté ocupado solamente por las instalaciones de telecomunicaciones, el portero automático y un cable de puesta a tierra (amarillo-verde).

También se debe comprobar cuál es el espacio del que se dispone para el montaje de los registros secundarios. La colocación de los registros secundarios en los rellanos de las plantas de forma que cumplan las medidas estipuladas en la norma se hace difícil, debido a que los rellanos tienen un tamaño demasiado ajustado, así que puede optarse por empotrarlos.

En esta fase se planifica una visita por parte del director de la obra de ICT.

En una segunda fase, de instalaciones, la empresa que se ha contratado para ejecutar el montaje de la ICT da comienzo a la instalación de las infraestructuras de telecomunicaciones. Durante esta fase, el director de obra de la ICT debe marcar los puntos clave de la instalación a la empresa instaladora de la ICT, pero siempre dejando un margen de maniobra. Esta fase cuenta con una visita por parte del director de obra de la ICT.

En la siguiente fase, la de seguimiento de las instalaciones, el director de obra de la ICT efectúa las revisiones pertinentes a la obra para comprobar el estado de la instalación. Durante esta fase, lo que se hace es comprobar que el instalador de telecomunicaciones sigue las instrucciones dadas por parte del director de obra de la ICT. Según el estado de las instalaciones para esta fase se prevén inicialmente dos visitas por parte del director de obra, pero se podrían aumentar según el estado de la misma.

La certificación final sería la última fase. En esta fase, el director de obra de la ICT remite un certificado de fin de obra a la propiedad del edificio. Se comprueba la instalación de telecomunicaciones para verificar que es correcta y realizar el certificado final de obra, como se verá en el punto siguiente. Esta última fase consta de una sola visita por parte del director de la obra.

Fases en la ejecución de una ITC

En caso de edificaciones ya construidas, el titular de la propiedad, la empresa instaladora y el director de obra, si lo hubiera, deben contemplar en la ejecución del proyecto técnico las precauciones indicadas en el mismo para que las viviendas que dispongan de instalaciones individuales mantengan el uso normal de las mismas mientras se realiza la construcción de la nueva infraestructura común de telecomunicaciones.

En edificaciones en las que se haya llevado a cabo una entrega parcial, el promotor debe seguir las precauciones indicadas en el proyecto técnico para asegurar el normal funcionamiento de la parte de la infraestructura común de telecomunicaciones ya entregada durante la ejecución del resto de fases de realización proyectadas.

La empresa instaladora entregará a la propiedad o a su representante el protocolo de pruebas, ya realizado y firmado, junto con el boletín de la instalación o certificado de obra correspondiente.

Importante

La propiedad tiene la obligación de recibir, conservar y transmitir todos los documentos asociados a la instalación efectuada.

4.2. Dirección de obra

Para llevar a cabo la dirección de los trabajos de ejecución del proyecto técnico en el que se define la infraestructura común de telecomunicaciones es necesario a veces disponer de un director de obra. Los requisitos que deben reunirse para ser director de obra son: estar en posesión de la titulación académica y profesional habilitante y cumplir las condiciones exigibles para el ejercicio de la profesión. En el caso de personas jurídicas, se designará a un técnico director de obra que tenga la titulación profesional indicada anteriormente.

Definición

Director de obra
Es un ingeniero de telecomunicaciones o un ingeniero técnico de telecomunicaciones de la especialidad correspondiente que dirige el desarrollo de los trabajos de ejecución de la infraestructura común de telecomunicaciones, de conformidad con el proyecto que la define y las autorizaciones preceptivas, con el fin de lograr el fin propuesto.

Los directores de obra son necesarios:

- Cuando el proyecto técnico se refiere a la instalación de ICT en edificios o conjuntos de edificaciones con más de 20 viviendas.
- En infraestructuras comunes de telecomunicaciones de edificaciones de uso residencial que incluyan elementos activos en la red de distribución.

- Cuando el proyecto técnico incluya las instalaciones de hogar digital, siguiendo criterios establecidos para alcanzar alguno de los niveles de hogar digital que se recogen en el anexo V del Real Decreto 346/2011.
- Cuando el proyecto técnico se refiera a la realización de ICT en edificios o conjuntos de edificaciones de uso no residencial.

El director de obra de la ICT asume la responsabilidad de su ejecución conforme al proyecto técnico y puede introducir en el transcurso del mismo modificaciones en el proyecto original. El director de obra coincide, generalmente, con el proyectista; pero puede darse el caso de que tenga que dirigir obras en la que se ejecuten los proyectos de otros técnicos. Sus obligaciones están fijadas en el artículo 9 de la Orden ITC/1644/2011, y son:

- Resolver las contingencias que se produzcan durante la instalación, consignar estas en el libro de órdenes y asistencias de la ICT y comunicar fehacientemente al director de obra de la edificación y a la empresa instaladora de telecomunicación responsable de la ejecución del proyecto las instrucciones precisas para la correcta interpretación del mismo.
- Elaborar y suscribir el acta de replanteo, incorporando los resultados del procedimiento de consulta e intercambio de información.
- Elaborar y suscribir, a requerimiento del promotor o con su conformidad, eventuales modificaciones del proyecto que vengan exigidas por la marcha de la obra o por otras razones, bien como proyecto técnico modificado o como anexos, para entregarlas al promotor, con las verificaciones que sean preceptivas, siempre que las mismas se adapten a las disposiciones normativas contempladas y observadas en la redacción del proyecto.
- Suscribir el certificado de fin de obra y supervisar los protocolos de pruebas elaborados por la empresa instaladora de telecomunicación encargada de la ejecución que sean de aplicación.
- Elaborar y entregar a la propiedad el manual de usuario de la instalación.
- Realizar las visitas necesarias a la obra, dejando constancia de ellas en el libro de órdenes y asistencias de la ICT cuando exista o, en su defecto, en el libro de órdenes y asistencias de la edificación.

Nota

En el libro de órdenes y asistencias, el director de obra consignará las instrucciones propias de sus funciones y obligaciones. Cuando el director de obra autorice modificaciones a lo proyectado, lo hará constar expresamente en el libro de órdenes.

Aplicación práctica

Imagine que va a ser nombrado director de obra de una ICT y para ello debe informar de cuáles son sus deberes y obligaciones como jefe de obra de una ICT. Realice un escrito indicando cuáles son los requisitos que usted debe cumplir y cuáles son sus obligaciones.

SOLUCIÓN

Primero, para ser director de obra de una ICT, tengo que ser ingeniero de telecomunicaciones o ingeniero técnico especializado en telecomunicaciones. Además, por ser el director de obra de la ICT, tengo como obligación resolver todos los problemas que se produzcan durante la instalación de la ICT y anotarlos en el libro de órdenes y asistencias de la ICT, dando conocimiento al director de obra de la edificación y a la empresa instaladora para que interpreten la resolución del problema correctamente. También, por ser el director de obra de la ICT, tengo que elaborar y firmar el acta de replanteo del proyecto. Si el promotor de la obra lo requiere debo realizar algunas modificaciones en el proyecto técnico para devolvérselas al promotor con los cambios que se hayan realizado siempre que estén contempladas en el proyecto técnico. Cuando la obra haya terminado, debo firmar el certificado de fin de obra y supervisar los apartados del protocolo de pruebas que la empresa instaladora de telecomunicación realice. Una vez todo este correcto debo realizar y entregar a la propiedad del edificio un manual de usuario de la instalación de ICT.

Actividades

11. ¿Qué cambios son los que obligarían a realizar un proyecto técnico modificado?
12. ¿Cuándo es necesario que exista un director de obra?

5. Certificación final

Una certificación de obra ICT es una validación legal que garantiza que la instalación ICT que se haya realizado se ajusta totalmente al proyecto técnico inicial y que cumple la normativa vigente en términos de calidad del servicio. Cuando se otorga la certificación de obra final de una ICT se asegura que los usuarios de la edificación van a disponer de un servicio de calidad y que se encuentra respaldado por la legislación vigente.

La responsabilidad tanto civil, penal o administrativa asociada a la instalación de una ICT corresponde al ingeniero que firma la certificación y a la empresa certificadora. El constructor o promotor queda libre de toda responsabilidad por la instalación efectuada. Esta certificación de obra de ICT es el seguro de la administración y los promotores ante posibles reclamaciones.

Importante

El certificado final de obra deberá ser visado por el colegio profesional correspondiente como garantía de que la instalación se ajusta al proyecto técnico.

Para comprobar la correcta ejecución de la instalación, la empresa instaladora realizará una serie de pruebas que permitan verificar que el funcionamiento de la instalación se ajusta a los valores indicados en el proyecto. El resultado de las mismas se recoge en un documento llamado **protocolo de pruebas** cuyo formato puede encontrarse en el anexo V de la Orden ITC/1644/2011, el cual cumplimentará y firmará la empresa instaladora. Según la Orden ITC/1644/2011 vigente, este protocolo se divide en siete apartados:

1. Promotor y características del edificio o conjunto de edificaciones.
2. Equipos de medida usados en la instalación.
3. Captación y distribución de radiodifusión sonora y televisión digital terrestre.
4. Captación y distribución de las señales de televisión y radiodifusión sonora por satélite (si existe).
5. Acceso al servicio de telecomunicaciones de banda ancha.
6. Canalizaciones, recintos de instalaciones de telecomunicaciones y registros.
7. Hogar digital (si existe).

Cando acaben los trabajos de ejecución del proyecto técnico, la empresa instaladora de telecomunicación que lo ha ejecutado entregará al titular de la propiedad un boletín de instalación como garantía de que esta se ajusta al proyecto técnico definido. El modelo del boletín de instalación de telecomunicaciones se establece en el anexo III de la Orden ITC/1142/2010.

Pero si la realización de los trabajos ha exigido la presencia de un director de obra, este debe entregar al titular de la propiedad un certificado de fin de obra. El modelo de este certificado se establece en el anexo IV de la Orden ITC/1644/2011.

Con el certificado final de obra, el director de la ejecución de la obra de ICT certifica que ha dirigido la ejecución material de las obras y controlado, cuantitativa y cualitativamente, los trabajos que se han llevado a cabo para la implantación de la ICT, y que estos se han desarrollado de acuerdo con el proyecto objeto de licencia, la documentación técnica que lo desarrolla y siguiendo las técnicas adecuadas, de manera que se encuentra dispuesta para ser utilizada con arreglo a las instrucciones de uso y mantenimiento.

Una vez finalizada la ejecución de la ICT, la propiedad de la edificación debe presentar el protocolo de pruebas, el boletín de instalación o en su caso el certificado de fin de obra, y los anexos al proyecto técnico, de forma electrónica, en el registro del Ministerio de Industria y Turismo, que a su vez le devolverá una copia sellada de la documentación presentada, excepto de los anexos.

La propiedad debe facilitar a cada usuario final de las viviendas o locales comerciales del edificio una copia del manual de usuario. Se trata de un documento en el que se informa a los usuarios sobre las funcionalidades que posee la vivienda con respecto a las instalaciones de telecomunicaciones. En este manual se deben describir de manera exhaustiva y didáctica las posibilidades y funcionalidades que les ofrece la infraestructura de telecomunicaciones, así como las recomendaciones en cuanto a uso y mantenimiento. Para ello, debe redactarse con un lenguaje asequible y adaptado a un usuario no experto, y deben emplearse, siempre que sea posible, recursos gráficos tales como croquis, dibujos o fotografías, documentación y normativa, ajustándose al modelo establecido en el anexo VI de la Orden ITC/1644/2011.

En edificaciones de nueva construcción, será imprescindible para la concesión de licencias y permisos de ocupación la presentación ante la administración correspondiente junto con el certificado de fin de obra del boletín de instalación de telecomunicaciones y protocolo de pruebas, y el certificado de fin de obra si existiera, sellados por la jefatura provincial de inspección de telecomunicaciones correspondiente. Por eso, para obtener la cédula de habitabilidad o licencia de primera ocupación, los constructores o promotores pueden exigir a las jefaturas provinciales de inspección de telecomunicaciones una certificación que acredite que se ha presentado el correspondiente proyecto técnico correspondiente a la ICT y el boletín de instalación o el certificado, según lo que corresponda a la ICT en cuestión, que garanticen que esta se ajusta a proyecto.

En el caso de edificaciones que se entreguen por fases, como urbanizaciones, para la obtención de licencias parciales de primera ocupación se presentarán boletines, protocolos y certificaciones parciales relativas a la parte de la infraestructura ya ejecutada correspondiente a dichas fases, haciendo constar en estos que su validez está condicionada a la presentación del correspondiente boletín de instalación o certificación final una vez acabadas las obras contempladas en el proyecto técnico. Existen modelos tanto para las certificaciones parciales como para las certificaciones finales en el anexo IV de la Orden ITC/1644/2011.

La jefatura provincial de inspección de telecomunicaciones podrá expedir un certificado, si así lo requiere el titular de la propiedad y previo pago de las tasas establecidas, con el solo efecto de acreditar que por parte del constructor se han presentado ante la correspondiente jefatura el proyecto técnico, el acta de replanteo, el boletín de instalación, el protocolo de pruebas y, si se diera el caso, el certificado de fin de obra y los anexos, que garantizan que la ejecución de la obra se ajusta al proyecto técnico.

Si durante el proceso de certificación de la instalación de una ICT se detectaran irregularidades que impidieran dar dicha certificación y que no se pudieran solucionar por parte de la empresa instaladora en un periodo razonable de tiempo, la empresa que realiza la certificación expediría un certificado de estado de la instalación en lugar de la certificación final de la obra.

En este certificado de estado se detallarían qué puntos de la normativa ICT cumple y cuáles incumple, incluyendo el protocolo de pruebas para dejar constancia de dicho incumplimiento. El certificado de estado expedido lógicamente no tendría los efectos legales de certificación final de obra en los organismos competentes, diferenciándose de la certificación final, que garantiza que la instalación ICT cumple totalmente la norma vigente.

La no certificación final de la instalación ICT, cuando existe obligación de ella en los edificios de nueva construcción, se considera una infracción muy grave.

 Actividades

13. ¿En cuántos apartados se divide el protocolo de pruebas que certifica una instalación?
14. ¿Qué detalla el certificado de estado?

Aplicación práctica

Imagine que es el promotor de una obra donde se va a realizar una instalación ICT. Comente cuáles son los trámites a seguir y los documentos a presentar en la administración.

SOLUCIÓN

Primero, al ser el promotor de la obra, debe encargar un acta de replanteo al director de la obra ICT que debe ser firmada por el autor del acta y la propiedad del edificio. El acta, que debe contener los resultados de la consulta de intercambio de información entre el proyectista de la ICT y las operadoras de telecomunicación, se presenta en el registro electrónico del Ministerio de Industria en un plazo máximo de 15 naturales después de su firma y redacción.

Se debe presentar otra copia en el ayuntamiento correspondiente para que se puedan conceder los permisos de construcción o rehabilitación.

Cuando la instalación ICT finalice, la propiedad del edificio presenta de nuevo en el registro electrónico del Ministerio de Industria un boletín dado por la empresa instaladora de la ICT y un certificado dado por el director de obra de la ICT, en el caso de que exista, donde se verifica que la instalación se ajusta al proyecto técnico tras pasar un protocolo de pruebas.

La propiedad del edificio debe dar un manual de usuario a cada usuario final de vivienda donde explique las posibilidades y las funcionalidades del inmueble en relación a la infraestructura de telecomunicación.

6. Resumen

La implantación de una red telemática debe realizarse siguiendo la normativa vigente. En ese caso son de aplicación el Real Decreto 346/2011, de 11 de marzo, por el que se aprueba el Reglamento regulador de las infraestructuras comunes de telecomunicaciones para el acceso a los servicios de telecomunicación en el interior de las edificaciones y la Orden ITC/1644/2011, de 10 de junio, por el que se desarrolla el Reglamento regulador de las infraestructuras comunes de telecomunicaciones para el acceso a los servicios de telecomunicación en el interior de las edificaciones.

Para implantar una infraestructura de telecomunicaciones es necesario desarrollar un proyecto técnico de implantación de una ICT, el cual debe ser encargado a un ingeniero de telecomunicaciones o un ingeniero técnico en telecomunicaciones. Gracias a la ICT se puede disfrutar de servicios de TV, radio, banda ancha, telefonía, etc. En el proyecto técnico se detallan los elementos que forman la instalación, la normativa que se debe cumplir, etc.

El proyecto técnico está formado por los siguientes documentos: memoria, planos, pliego de condiciones y presupuestos, y se presentan en ese orden. La memoria incluye una descripción del edificio, los servicios que incluyen la infraestructura, etc. Los planos de la edificación indican las características, la situación de los elementos, las canalizaciones, etc. En el pliego de condiciones se hace referencia a la organización de la obra y las calidades de los materiales y los equipos que se usarán durante la instalación de la obra ICT. En último lugar, el proyecto técnico incluye el presupuesto de dicha obra, valorando económicamente cada componente que forma parte de la obra ICT.

El proyecto técnico, una vez terminado, debe ser presentado en el Ministerio de Industria, Turismo y Comercio. Además, se debe presentar otra copia en el ayuntamiento correspondiente para que conceda la autorización oportuna.

A la hora de ejecutar la obra del proyecto técnico, el director de obra de la ICT elabora un acta de replanteo del proyecto técnico ICT que deberá firmar junto al titular de la propiedad, donde se verifica la validez del proyecto. Esta acta de replanteo debe presentarse en el Ministerio de Industria Turismo y Comercio antes de los 15 días naturales posteriores a su firma y redacción.

Al término de la instalación, la propiedad del edificio presenta en el Ministerio de Industria un boletín expedido por la empresa instaladora o un certificado expedido por el director de obra.

Para conseguir la certificación de obra final se debe realizar una serie de pruebas cuyo resultado debe ser satisfactorio y debe reflejarse en documento de protocolo de pruebas. Debe cumplimentarse también un modelo de certificado de fin de obra de una ICT. Los modelos de estos documentos pueden consultarse en la Orden ITC/1644/2011.

Cada usuario, tanto de viviendas como de oficinas o locales comerciales del edificio, debe tener en su poder un manual de usuario facilitado por la propiedad.

Ejercicios de repaso y autoevaluación

1. Actualmente, ¿cuál es el Real Decreto que rige el Reglamento regulador de las infraestructuras comunes de telecomunicaciones?

    a. Real Decreto Ley 1/1998, de 27 de febrero.
    b. Real Decreto 401/2003, de 4 de abril.
    c. Real Decreto 279/1999, de 22 de febrero.
    d. Real Decreto 346/2011, de 11 de marzo.

2. ¿Qué comprende una ICT?

_____
_____
_____
_____

3. ¿Qué puntos son los que están incluidos en los datos generales de la memoria de un proyecto técnico de ICT?

    a. Datos del promotor, descripción del edificio, aplicación de la Ley de Propiedad Horizontal y objeto del proyecto técnico.
    b. Datos del promotor y objeto del proyecto técnico.
    c. Datos del promotor, captación y distribución de radiodifusión sonora y televisión terrestre, distribución de radiodifusión sonora y televisión por satélite.
    d. Objeto del proyecto técnico, captación y distribución de radiodifusión sonora y televisión terrestre, distribución de radiodifusión sonora y televisión por satélite, acceso y distribución de los servicios de telecomunicaciones de telefonía disponible al público y de banda ancha, infraestructura de hogar digital.

4. ¿Qué información se recoge en el objeto del proyecto técnico?

_____
_____

5. Complete el siguiente texto.

En los _____ se realiza la representación gráfica de la instalación para la que se diseñan. Deben ser _____ y _____ y contener todas las indicaciones para su correcta interpretación. Es habitual realizarlos usando programas informáticos de _____. Los datos identificativos del proyecto y del plano se incluyen en el _____ o _____.

6. Indique si es verdadero o falso que los planos siguientes deben incluirse inicialmente en el proyecto técnico de instalaciones de ICT.

    a. Plano general de situación del edificio.

        ☐ Verdadero
        ☐ Falso

    b. Plano descriptivo de instalaciones de ICT en planta baja.

        ☐ Verdadero
        ☐ Falso

    c. Plano descriptivo de instalaciones de ICT en plantas singulares.

        ☐ Verdadero
        ☐ Falso

    d. Plano descriptivo de instalaciones de redes de bajantes.

        ☐ Verdadero
        ☐ Falso

7. Indique si los siguientes apartados deberían aparecer en el pliego de condiciones generales o en el pliego de condiciones particulares.

    a. Reglamento de ICT y normas anexas.
    b. Radiodifusión sonora y televisión.
    c. Infraestructuras de hogar digital.
    d. Normativa sobre gestión de residuos.
    e. Secreto de las comunicaciones.
    f. Estimación de los residuos generados por la instalación de la ICT.

___ Pliego de condiciones generales.
___ Pliego de condiciones particulares.

8. Complete el siguiente texto.

Los antecedentes incluyen información _____ y una historia técnica desde el estudio inicial del proyecto técnico hasta que _____, para así establecer el ámbito legal para saber en cualquier momento qué _____ han sido realizados, las _____ responsables, al igual que la _____ que cumple el proyecto.

9. ¿Quién firma el acta de replanteo?

a. El profesional que la redacte y el titular de la propiedad.
b. El titular de la propiedad y la empresa instaladora.
c. El usuario final de la instalación ICT.
d. La empresa instaladora y el profesional que la redacte.

10. ¿Cuántas visitas debe realizar, inicialmente, el director de obra a la ICT durante la ejecución de esta y cuándo?

_____
_____
_____
_____
_____
_____
_____

11. ¿En qué casos es estrictamente necesario que exista un director de obra?

_____
_____
_____
_____
_____
_____
_____

12. ¿En qué persona recae tanto la responsabilidad civil, penal o administrativa asociada a una instalación de ICT?

    a. Constructor.
    b. Dueño de la vivienda.
    c. Empresa instaladora ICT
    d. Ingeniero que certifica la instalación.

13. Indique los apartados del protocolo de pruebas para certificar una instalación ICT.

_____
_____
_____
_____
_____
_____
_____

14. ¿Qué dos documentos se requieren para obtener la certificación final de obra de una ICT?

_____
_____
_____
_____

15. Indique cuál de las siguientes afirmaciones es verdadera o falsa.

    a. El usuario final de la vivienda debe recibir el manual de usuario de manos del director de obra de la ICT.

       ☐ Verdadero
       ☐ Falso

    b. El manual de usuario constituye el documento más importante del proyecto técnico de ICT.

       ☐ Verdadero
       ☐ Falso

c. El manual de usuario debe incluir recomendaciones en cuanto a uso y mantenimiento.

    ☐ Verdadero
    ☐ Falso

d. El manual de usuario debe ajustarse al modelo establecido en el anexo VI de la Orden ITC/1644/2011.

    ☐ Verdadero
    ☐ Falso

Capítulo 3

Elaboración de la documentación técnica de proyecto

Contenido

1. Introducción

En el capítulo anterior se ha visto que para la implantación de una red telemática es necesario realizar un proyecto técnico compuesto por una memoria, unos planos, un pliego de condiciones y un presupuesto que el proyectista debe presentar en el colegio oficial correspondiente para su visado. También se ha explicado que en el transcurso de los trabajos de implantación es necesario presentar una serie de documentos ante diferentes instancias para obtener las autorizaciones y los permisos pertinentes.

En todos los pasos del proceso de implantación de una red de telecomunicaciones es necesaria la presentación de algún tipo de documento; presentación que en muchos casos podrá efectuarse de forma telemática. Por esta razón los documentos deben estar en soporte informático, y deberán haber sido realizados empleando los programas adecuados.

En este capítulo se verá la utilidad de los programas informáticos empleados para la elaboración de la documentación técnica de proyecto, destacando la importancia de los programas CAD para el diseño de esquemas y planos, y su relación con los programas utilizados para realizar el resto de documentos del proyecto.

2. Programas CAD/CAM/CAE

Los programas CAD/CAM/CAE permiten abordar la concepción de un producto de manera global. Considerando cada uno de estos por separado, los programas CAD, *computer aided design,* son aquellos programas informáticos que permiten el diseño de los objetos; los programas CAM, *computer aided manufacturing*, hacen referencia a todos aquellos programas que permiten la fabricación de productos de manera asistida por ordenador; y los sistemas CAE, *computer aided engineering,* corresponden a los programas informáticos que analizan los diseños de ingeniería, calculando cuál sería el comportamiento real del objeto diseñado.

Pero de estos sistemas se obtiene el mejor provecho cuando se consigue integrarlos para lograr un producto final satisfactorio: el sistema CAD permitirá mejorar el diseño gráfico del objeto planteado, observarlo desde distintos puntos de vista, comprobar detalles, facilitar la modificación del trazado, crear superficies, verificarlas, etc. Aunque en cualquier caso no sería posible detectar todos los defectos, lo que haría necesario fabricar modelos de la pieza para analizar el resultado obtenido.

Los sistemas CAM utilizarán datos como la geometría del objeto, el tipo de operación a realizar, la herramienta necesaria, etc., calcularán las trayectorias de las herramientas para conseguir el mecanizado correcto, y generarán los correspondientes programas de CN en el código específico de la CNC donde se ejecutarán. La información geométrica puede obtenerse de un programa CAD con el que puede conectarse en un formato compatible de intercambio de información, aunque hay también sistemas CAM que disponen de herramientas CAD con las que el usuario puede crear directamente la geometría de la pieza.

 **Definición**

CN (control numérico)
Sistema de automatización de una máquina en el que esta resulta operada mediante comandos programados en un medio de almacenamiento.

CNC (control numérico por computadora)
Sistema de automatización de una máquina en el que los códigos y los valores numéricos que determinan el movimiento son programados y almacenados directamente en ella.

Integrando las etapas de investigación y diseño previas a la fabricación, realizadas por medios informáticos, trasladando esos diseños a los CNC que la mecanizan, e incluyendo las funciones de análisis y comportamiento del producto a lo largo de todo el proceso se llega al concepto CAE.

 **Definición**

CAE
Proceso integrado que incluye todas las funciones de la ingeniería que van desde el diseño propiamente dicho hasta la fabricación.

Aunque de lo expuesto hasta el momento podría parecer que la finalidad de los programas CAD/CAM/CAE no guarda relación con la elaboración de la documentación técnica del proyecto de implantación de ICT, hay que tener presente las prestaciones que ofrecen los programas específicos que se emplean para la elaboración de estos proyectos.

En lo concerniente a las telecomunicaciones, y cuando se dispone de programas específicos para el diseño de ICT, la tecnología CAD se usa como herramienta de simulación para diseñar y probar el comportamiento de una red de datos, además de calcular direcciones IP, etc., y otros factores que permiten observar y desarrollar el comportamiento de una red de datos de una instalación de telecomunicaciones. Los programas CAD suponen una gran ayuda a la hora de proyectar las instalaciones de telecomunicaciones en edificios de viviendas. La forma de trabajo consiste en introducir en el programa una serie de datos correspondientes a la instalación objeto de diseño y seguir los pasos que este va indicando hasta que finalmente se obtienen los datos que debe reflejar el proyecto. Toda la información necesaria para realizar las diferentes fases del proyecto está disponible desde las primeras fases, de forma que se va integrando en las diferentes aplicaciones que van a utilizarse en cada fase del proyecto de instalación, lo cual simplifica la introducción de datos, ya que con introducirlos solamente una vez pasarían a estar disponibles para otras aplicaciones. Esto aporta seguridad al evitar errores de introducción y el hecho de tener que arrastrar valores y cálculos. También reduce el trabajo que supone la introducción de los mismos.

Recuerde

Para realizar el proyecto de infraestructuras de la ICT es imprescindible conocer las características de la edificación que la va a soportar, ya que así, a la hora de elegir los componentes y de trazar los recorridos por los que discurrirán las canalizaciones, podrá elegirse la mejor opción.

Los datos que se introduzcan en cada uno de los pasos van a servir para completar los diferentes apartados en los que se utilicen en cada uno de los documentos que componen el proyecto. Así, si al comienzo de la obra se introducen los datos correspondientes al edificio, al promotor y al proyectista, estos estarán disponibles para completar la página **Contenido y estructura de los proyectos e infraestructuras comunes de telecomunicaciones en el interior de los edificios** a la que se refiere el anexo I de la Orden ITC/1644/2011, e igualmente para completar el capítulo **Datos generales** del proyecto.

Cuando para la elaboración del proyecto no se dispone de un programa de diseño de ICT específico, se deben emplear diferentes programas para la elaboración de cada uno de los documentos que componen el proyecto. Se utilizan programas de cálculo, programas de diseño asistido (CAD), bases de datos para la confección de los cuadros de precios y presupuestos, y procesadores de texto que facilitan la elaboración y la presentación de los documentos del proyecto. El ordenador puede obtener de forma fácil resultados de operaciones difíciles de comprobar si no están claramente especificados. Además, diferentes programas ofrecen una presentación gráfica que simplifica su lectura.

En la actualidad, el programa más conocido y clásico de CAD es AutoCAD, el cual es una herramienta de diseño relativamente sencilla de usar. Este programa sigue los mismos conceptos del dibujo convencional y la interfaz con la que trabaja es mucho más entendible para el usuario. Puede utilizarse para realizar cualquier plano, y no es específico para el diseño de la ICT. No permite el intercambio de datos con otros programas utilizados para la elaboración de la documentación, aunque permite crear hiperenlaces a otros documentos. Eso sí: los programas específicos de diseño de la ICT pueden trabajar a partir de planos creados en AutoCAD.

Actividades

1. Investigue en internet qué aplicaciones tiene la tecnología CAD/CAM/CAD.
2. Investigue sobre distintos programas capaces de generar proyectos técnicos de una ICT.

3. Realización de esquemas y planos

En el capítulo anterior se resaltó la importancia que el documento de planos tenía en el conjunto del proyecto y que por eso era imprescindible que su ejecución fuera exacta. También se habló del avance que había supuesto la incorporación de los programas de diseño asistido por ordenador.

La Orden/ICT/1644/2011 establece los planos y los esquemas mínimos que debe incorporar el proyecto. Para la realización de estos debe disponerse previamente de los planos de la edificación, y sobre ellos se situarán los elementos que correspondan a la infraestructura común de comunicaciones, ya que no serán los mismos los que intervengan en la planta cubierta que en las plantas tipo, planta baja, sección, etc.

Nota

El plano general de situación del edificio solo refleja dónde se encuentra este, no representa ningún elemento de la ICT.

Aunque las reglas que hay que seguir para la elaboración de los planos y los esquemas de las ICT no son diferentes a las que hay que aplicar para la realización de cualquier otro plano, sí hay algunos aspectos a los que hay que prestar atención, que serán los que se expliquen a continuación.

Los planos de la ICT se realizarán preferentemente a la misma escala a la que se han realizado los correspondientes del proyecto arquitectónico, aunque teniendo presente que la escala elegida será siempre la que permita una buena observación de todas las redes e infraestructuras de la ICT representadas.

 Recuerde

La escala para los planos de planta será 1:150 como mínimo y para los planos de situación 1:250.

Como se ha explicado, la forma de ejecutar estos planos consiste en ir situando sobre los planos de edificación de cada una de las plantas los distintos elementos de la infraestructura de la instalación: canalizaciones y registros, e ir realizando las conexiones pertinentes entre ellos. Si se sigue el orden desde la instalación general hasta las particulares será más fácil y existirá menos posibilidad de error, ya que en cada una de ellas se situarán los elementos propios de la misma.

Los planos correspondientes a las diferentes plantas deben mostrar el trazado real e indicar el número de tubos o canales, su diámetro o dimensiones y, asimismo, la ubicación de registros de paso y de toma.

Los planos de la cubierta mostrarán la ubicación de los sistemas de captación terrestre y satélite, y sus soportes. Si es necesario, se mostrarán en detalle los puntos de fijación del arriostramiento con las indicaciones necesarias para su ejecución y comprensión.

En el esquema general de infraestructura se mostrará la ubicación de la arqueta de entrada, registro o arqueta de enlace inferior, registros secundarios de planta, recintos de telecomunicaciones y registros de terminación de red, canalizaciones, etc. No se muestran los registros de paso en las canalizaciones secundarias e interiores ni los registros de toma de usuario. Deben indicarse las longitudes de cada tramo de red y las dimensiones.

En el esquema de principio de la instalación de radiodifusión sonora y de televisión se identificarán los elementos que se encuentran en la cabecera (amplificadores empleados y su conexión entre ellos, ajuste de ganancia, repartidores de señal y mezcladores previos); habrá que poder identificarlos conforme a lo indicado en la memoria y el pliego de condiciones. Las verticales de la red de distribución incluirán los diferentes componentes pasivos que se incluyan en ella (distribuidores de verticales y derivadores de planta), los derivadores necesarios en cada PAU, y deberá completarse con las longitudes correspondientes a cada tramo de cable.

Deben ser claramente identificables los símbolos de los elementos pasivos empleados en la distribución y mezcla. En este esquema habrá que indicar las pérdidas (de inserción, en los derivadores) en decibelios. La indicación de los valores de las pérdidas podrá hacerse en los elementos del esquema o en la leyenda, según la simbología usada.

Recuerde

En el equipamiento de cabecera deben indicarse los canales instalados y la conexión a las antenas y a la red de distribución.

En los esquemas de principio de cada una de las redes para el acceso a los servicios de telefonía disponibles al público y de banda ancha se mostrarán las redes de distribución, dispersión e interior de usuario, necesarias para la instalación del servicio de telefonía. Se mostrarán las diferentes verticales de la red de distribución y se indicará el cable seleccionado para cada una de ellas, las regletas necesarias en cada registro secundario y en el punto de interconexión (asignación de cables por planta y por vivienda). En las redes de dispersión e interior hay que señalar el tipo de cable empleado y las longitudes de cada tramo de red. En este esquema debe incluirse una tabla resumen con la asignación de pares previstos para el servicio de telefonía.

Los esquemas de principio de la instalación proyectada para cualquier otra red incluida en la ICT corresponderán generalmente a los esquemas eléctricos del RITI y el RITS, pudiéndose realizar en el mismo formato o en formatos diferentes, incluyendo al menos el esquema eléctrico unifilar y el cuadro con la leyenda.

 Recuerde

En cada plano y esquema habrá que incluir las correspondientes tablas de símbolos y abreviaturas.

En el esquema de distribución de equipos en el interior del registro de terminación de red debe establecerse una división de espacios. En el esquema correspondiente al RITI, en la mitad superior izquierda se reserva espacio para realizar la función de registro secundario de planta, mientras que la mitad superior derecha corresponde a la reserva de espacio para los cuadros de protección; la mitad inferior es el espacio previsto para los servicios de telecomunicaciones de telefonía disponible al público (STDP) y de telefonía de banda ancha (TBA). Se indicarán también las bases de enchufe y la conexión a la toma de tierra. En el esquema correspondiente al RITS, la mitad superior se reserva para RTV, incluyendo los enchufes necesarios, y la mitad inferior para SAI, las bases de enchufe y el cuadro de protección. También deberá indicarse la conexión de la toma de tierra.

Aplicación práctica

¿Cómo realizaría el esquema de distribución interior del RITI anteriormente descrito?

SOLUCIÓN

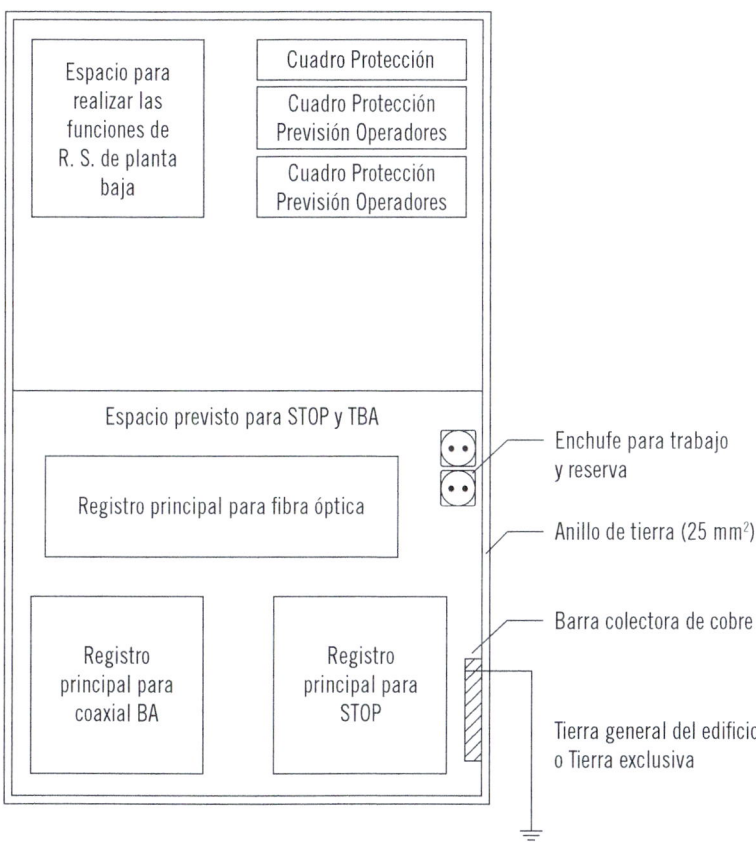

4. Relación de materiales, equipos y dispositivos

Cuando se elabora la documentación técnica de un proyecto de ICT, los materiales, así como los equipos y los dispositivos que van a ser utilizados en la misma, aparecen en varios documentos. En el capítulo anterior se han visto los diferentes apartados que deben incluirse en la memoria del proyecto para cumplir lo establecido en la Orden ITC/1644/2011, y cómo al final de cada uno de ellos se incluía un subapartado en el que se procedía a la descripción de los elementos componentes de la instalación que debían emplearse en ese subapartado concreto. Por ejemplo: el capítulo Captación y distribución de radiodifusión sonora y televisión terrestre finaliza con el apartado Descripción de los elementos componentes de la instalación, que a su vez incluye los apartados correspondientes a Sistemas captadores, amplificadores, mezcladores, distribuidores, derivadores y PAUS, cables y materiales complementarios.

De cada uno de los materiales que aparecen en estos subapartados habrá que proporcionar en la memoria la información correspondiente a la cantidad y las dimensiones.

Ejemplo

1.2.A.h.1 Sistemas captadores

Cantidad	Descripción
1	Antena omnidireccional FM
2	Antena directiva UHF
1	Torreta metálica de celosía de 3 m de altura
1	Placa base compatible con la torreta para su fijación sobre zapata de hormigón
1	Mástil de 40 mm ø de 3 m y espesor 2 mm
1	Conjunto de anclajes de fijación de antenas a mástil

(Las características se especifican en el pliego de condiciones).

Y si en la memoria se establecen cuántos y cómo deben ser los materiales empleados, en otro de los documentos del proyecto, el pliego de condiciones, se especificarán sus características: marcas, modelos y características técnicas, haciendo referencia a la norma UNE que les sean de aplicación; en concreto, en el pliego de condiciones particulares.

 Actividades

3. ¿En qué apartados de la memoria de la ICT se presenta la información correspondiente a los materiales, los equipos y los dispositivos en forma de un cuadro resumen? Busque ejemplos

Podrá facilitarse documentación impresa de los fabricantes (catálogos, folletos, etc.).

Los *softwares* generadores de los proyectos técnicos de ICT contienen también la posibilidad de generar el pliego de condiciones adaptándose a lo establecido en el anexo I de la Orden ITC/1644/2011.

Cada programa tiene su propia forma de generar los pliegos o incluso se debe usar otro programa puente para poder generarlos. Para programas que generan automáticamente el pliego de condiciones solo es necesario mantener actualizado el programa, por las posibles nuevas normativas; además, es parametrizado, es decir, se seleccionan los capítulos o las partidas que intervienen en la obra ICT. Así, se generará un pliego de condiciones totalmente actualizado y acorde con las necesidades de la obra correspondiente.

Además de en el proyecto técnico de la ICT, en el protocolo de pruebas para una ICT (anexo V) y el protocolo de pruebas para la actualización de infraestructuras de recepción de señales de radiodifusión sonora y televisión digital terrestre (anexo VII) de la Orden ITC 1644/2011 se incluyen diferentes apartados en los que hay que proceder a la relación de materiales instalados (marca y modelo/tipo).

5. Resumen

A la hora de elaborar el proyecto técnico de una ICT existen *softwares* que pueden generar automáticamente la documentación técnica del proyecto a partir de la información particular relativa a una obra. Este *software* es muy útil ya que permite reducir el número de pasos y de operaciones necesarios para completar todos los apartados que deben aparecer en el mismo. En lo concerniente a las telecomunicaciones, los programas CAD/CAM/CAE y los programas específicos para el diseño de ICT, se usan como herramientas de simulación para diseñar y probar el comportamiento de una red de datos, además de calcular direcciones IP, etc., y otros factores que permiten observar y desarrollar el comportamiento de una red de datos de una instalación de telecomunicaciones. Cuando el resultado es satisfactorio, permiten elaborar toda la documentación técnica del proyecto.

Para la realización de esquemas y planos pueden usarse programas específicos de diseño, aunque los programas específicos de diseño de ICT también realizan estos documentos, y permiten el intercambio de información con otros documentos del proyecto.

En cuanto a la relación de materiales, equipos y dispositivos, son varios los documentos del proyecto en los que se establecen: en la memoria se indican cuáles y cuántos; y en el pliego de condiciones y documentación de los fabricantes, cuáles son las características.

Ejercicios de repaso y autoevaluación

1. ¿Cuáles son las principales características de los sistemas CAD?

_____
_____
_____
_____
_____
_____
_____
_____

2. ¿Qué significan las siglas CAD?

    a. Diseño asistido por ordenador.
    b. Fabricación asistida por ordenador.
    c. Ingeniería asistida por ordenador.
    d. Fabricación integrada por ordenador.

3. ¿Qué relación hay entre CAD y CAM?

_____
_____

4. ¿Qué significan las siglas CAM?

    a. Diseño asistido por ordenador.
    b. Ingeniería asistida por ordenador.
    c. Fabricación integrada por ordenador
    d. Fabricación asistida por ordenador.

5. Defina CAE.

_____
_____

6. **¿Qué significa las siglas CAE?**

    a. Diseño asistido por ordenador.
    b. Ingeniería asistida por ordenador.
    c. Fabricación integrada por ordenador
    d. Fabricación asistida por ordenador.

7. **¿Qué ventajas presenta la tecnología CAD en el diseño de proyectos de telecomunicaciones?**

_____
_____
_____
_____
_____

8. **Indique si las siguientes afirmaciones correspondientes al uso de programas CAD en el proyecto de ICT son verdaderas o falsas.**

    a. Los programas CAD suponen una gran ayuda a la hora de proyectar las instalaciones de telecomunicaciones en edificios de viviendas.

        ☐ Verdadero
        ☐ Falso

    b. La información introducida en una fase del diseño solo puede usarse en esa fase.

        ☐ Verdadero
        ☐ Falso

    c. Con los programas CAD no es necesario conocer las características de la edificación que va a soportar la ICT.

        ☐ Verdadero
        ☐ Falso

d. Los datos que se introduzcan en cada uno de los pasos van a servir para completar los diferentes apartados de los documentos que componen el proyecto.

☐ Verdadero
☐ Falso

9. ¿Es necesario crear todos los planos del edificio en el que se va a instalar una ICT si se emplea para el proyecto un programa específico de diseño de ICT?

_____

_____

10. ¿Cuál de los siguientes planos no incluye ningún elemento de la ICT?

a. Plano de cubierta.
b. Plano de diferentes plantas.
c. Esquema general de infraestructuras.
d. Plano general de situación del edificio.

11. Se mostrarán en detalle los puntos de fijación del arriostramiento con las indicaciones necesarias para su ejecución y comprensión en...

a. ... los planos de cubierta.
b. ... el plano de la planta baja.
c. ... el esquema general de infraestructuras.
d. ... el esquema de principio de la instalación de radiodifusión sonora y televisión.

12. Indique si la siguiente afirmación es verdadera o falsa y justifique su respuesta: "En los esquemas de principio de la instalación proyectada para cualquier otra red incluida en la ICT habrá que indicar las pérdidas (de inserción, en los derivadores) en decibelios."

_____

_____

13. En este esquema debe incluirse una tabla resumen con la asignación de pares previstos para el servicio de telefonía. Se trata de...

_____

_____

14. ¿Cómo se establecería el esquema de distribución del RITS?

_____

_____

_____

_____

15. ¿En qué documento del proyecto se encuentra la información correspondiente a la cantidad y las dimensiones de los materiales empleados en la instalación?

_____

_____

_____

_____

16. ¿Y qué aparecerá en el pliego de condiciones?

_____

_____

Bibliografía

Monografías

⦚ BERMÚDEZ, D. y BERMÚDEZ, J. J.: *Montaje de elementos y equipos en instalaciones de telecomunicaciones en edificios.* México: Ediciones de la U, 2022.

⦚ ENRÍQUEZ Palomino, A. y SÁNCHEZ Rivero, J. M.: *Implantación de sistemas de gestión de la calidad. La norma ISO 9001-2015.* Madrid: FC Editorial, 2022.

⦚ FERNÁNDEZ Blanco, J. y SANZ Adán, F.: *CAD CAM Gráficos, animación y simulación por computador.* Madrid: Ediciones Paraninfo, 2002.

⦚ MONTES Soler, R.: *Implantación de un Sistema de Gestión de la Calidad según la norma UNE-EN-ISO 9001:2015.* Antequera: IC Editorial, 2021.

⦚ Reglamento regulador de las Infraestructuras Comunes de Telecomunicaciones RICT 2019 Madrid: Editorial Paraninfo, 2022.

Legislación

⦚ Norma ISO 9000. Sistemas de Gestión de la Calidad - Fundamentos y Vocabulario.

⦚ Norma ISO 9001. Sistemas de Gestión de la Calidad - Requisitos.

⦚ Norma ISO 9004. Sistemas de Gestión de la Calidad - Directrices para la Mejora del Desempeño.

▌ Norma ISO 19011. Directrices para la auditoría de los sistemas de gestión.

▌ Orden ITC/1644/2011, de 10 de junio, por la que se desarrolla el Reglamento regulador de las infraestructuras comunes de telecomunicaciones para el acceso a los servicios de telecomunicaciones en el interior de los edificios, aprobado por el Real Decreto 346/2011, de 11 de marzo.

▌ Real Decreto 346/2011, de 11 de marzo, por el que se aprueba el Reglamento regulador de las infraestructuras comunes de telecomunicaciones para el acceso a los servicios de telecomunicación en el interior de las edificaciones.

▌ Orden ITC/1644/2011, de 10 de junio, por la que se desarrolla el Reglamento regulador de las infraestructuras comunes de telecomunicaciones para el acceso a los servicios de telecomunicación en el interior de las edificaciones, aprobado por el Real Decreto 346/2011, de 11 de marzo.

Textos electrónicos, bases de datos y programas informáticos

▌ AENOR. Sistemas de Gestión de la Calidad, de: <https://www.aenor.com/>.

▌ Asociación Española para la Calidad, de: <https://www.aec.es/>.

▌ Colegio Oficial Ingenieros de Telecomunicación, de: <https://www.coit.es/>.

▌ Gobierno de España. Ministerio para la Transformación Digital y de la Función Pública. Infraestructuras comunes de telecomunicaciones en el interior de edificios (ICT), de: <https://avancedigital.mineco.gob.es/Infraestructuras/Paginas/Index.aspx>.

▌ Normas ISO, de: <https://www.iso.org/home.html>.